세상을 아는 지혜

교육학
끝판왕

세상을 아는 지혜

교육학
끝판왕

기획 **정동완** | 저자 **조우태 안수혜 황성규**

꿈구두

들어가는 글

우리는 모두 누군가의 스승입니다.

교사 임용시험을 준비하던 시절, 이따금씩 힘에 부치는 날이 있었습니다. 이런 날은 으레 눈을 지그시 감고, 교사가 된 나의 모습과 첫 수업을 상상하였습니다. 상투적이지만 칠판에 나의 이름을 크게 쓸 것입니다. 미리 준비한 농을 던지며 학생들의 긴장을 살짝 풀어준 뒤, 배에 힘을 주고서 나의 교육 철학과 수업 방식에 대해 설명할 것입니다. 이런 상상을 하면 어느샌가 입가에 미소가 돌았고, 고된 수험생 생활도 참아낼 만하였습니다.

「죽은 시인의 사회」의 존 키팅처럼 영감을 주는 교사가 되고 싶었습니다. 영화 같은 학교에서 학문적 호기심이 가득한 학생들을 폼 나게 가르치고 싶었습니다. 하지만 막상 교사가 되고 보니, 현실은 이상과 조금 달랐습니다. 뜻하지 않게 교사 경력의 많은 기간을 '학생부 선생님'으로 보냈고, 자연스레 모범학생보다는 '검은 양'들에게 관심이 더 갔습니다. 학교에는 도움이 필요한 아이들이 너무 많았습니다. 나름대로 많은 노력을 했지만, 사춘기를 훌쩍 넘긴 고등학생들은 선생님에게 쉽게 마음을 열지 않았습니다. 이 아이들이 왜 문제행동을 일으키는지 고민했습니다. 결론을 내리기엔 턱없이 부족한 표본이겠지만, 적어도 내가 대화한 아이들의 상당수는 부모에게 심한 체벌을 당한 경험이 있었습니다. 부모와의 관계가 단절되거나, 집안에서의 보살핌이 턱없이 부족한 아이들이었습니다.

요즈음 가슴 아프고 믿을 수 없는 일들이 많이 일어나고 있습니다. 아동학대, 방임, 유기, 가정폭력이 그것입니다. 한 입양아동의 사망 사건은 우리 모두를 슬픔에 잠기게 하였습니다. 어른들은 우리가 잘못했다고, 세상을 고치겠다고 죽은 아이의 묘지에서 다짐했습니다. 하지만 어른들이 한 것은 예방보다는 처벌의 강화였습니다. 아무것도 달라지지 않았습니다.

성(性)교육만큼 중요한 것이 '좋은 부모가 되고 좋은 스승이 되는 교육'입니다. 피임기구를 어떻게 사용하는지, 아기를 어떻게 씻기는지를 배우는 것만큼이나 부모가 되었을 때 어떻게 아이와

대화할 것인지, 혹은 자신의 교육 철학이 무엇인지 고민하는 것이 중요합니다. 교육학이 학교 교육과정에 편성된 것은 환영할만한 일이지만, 교육학을 수강 신청하는 학생들은 대부분 교사가 되고 싶은 학생들입니다. 좋은 부모가 되고 싶어 교육학을 신청하는 학생은 찾기 어렵습니다. 공자는 「논어」에서, 세 사람이 길을 가면 거기에는 반드시 나의 스승이 있다고 했습니다. 우리는 모두 누군가의 스승입니다. 꼭 교육대학이나 사범대학을 가서 선생님이 되지 않는다고 해도, 우리는 언젠가 스승이 됩니다. 친구나 선배, 혹은 부모라는 이름의 스승이 됩니다. 하지만 우리가 스승으로서 준비가 되어있는지는 진지하게 고민해 볼 일입니다.

대학교에서 교육학이라는 학문을 처음 접했습니다. 처음엔 학점을 위해서, 나중엔 교사 임용시험 합격을 위해서 공부했습니다. 교육학을 공부할수록 '이것 참 괜찮다', '교사들만 배우기에는 너무 아깝다'는 생각이 들었습니다. 교육학은 매우 방대한 학문이지만, 일반적이고 실생활과 가까운 내용을 추려내고 쉽게 전달할 수 있다면 모든 사람들에게, 특히 학생들에게 좋은 교양 수업이 될 것이라고 생각했습니다.

이 책은 교사가 되기를 희망하는 학생들과 좋은 부모가 되기를 희망하는 학생들을 위해 만들어졌습니다. 교양과목인 교육학을 처음 접하는 학생들이 부담 없이 하룻밤 안에 읽을 수 있도록 구성하였습니다. 18개 장의 주제는 학생들의 흥미를 불러일으킬 수 있으며, 학습에 직·간접적으로 도움을 줄 수 있는 소재, 다양한 교육 정책과 이슈를 소개하여 대학 면접에 대비할 수 있는 소재로 구성되었습니다. 교육대학이나 사범대학에 진학할 학생들에게는 대학에서 본격적으로 배울 교육학의 맛보기가 될 수 있을 것입니다.

바라건대 많은 학생들이 교육학에 관심을 가지고 스승과 부모의 마음가짐에 대해 고민해 볼 수 있었으면 합니다. 교육학이 전 국민에게 보편적인 필수 교양과목이 되고 그 저변이 확대되기를 바랍니다. 가정에는 준비된 부모들이 더 많아지고, 학교에는 행복한 아이들이 더 많아지는 소박한 꿈을 꿉니다.

2021년 8월
저자 일동

추천하는 글

<끝판왕 시리즈>의 발전과 열정을 주목하고 있다. 실제 교육현장의 경험을 바탕으로 내실 있게 쌓아가고 있는 콘텐츠들과 그것들이 만들어낸 결정체를 보고 있노라면 스스로 깨달은 지혜와 통찰을 사회에 아낌없이 나누어주는 귀한 마음과 열정이 빚어낸 이제는 다른 어느 콘텐츠보다 훨씬 체계적인 집합체를 보면 감탄을 멈출 수 없다. 진단 도구를 개발하고 보급하는 일을 오랫동안 하면서도 알 수 없는 것이 사람의 마음이다. 그야말로 심연(深淵)이라고 밖에 말할 수 없는 것 같다. 인간과 우주(Universe)의 기기묘묘한 혼돈(Chaos)속에서 법칙과 지혜(logos)를 발견하고 체계화하려는 시도는 그렇기 때문에 쉽지 않다. 무수한 시도 속에서 인간은 학문을 발전시켰다. 온갖 지혜와 법칙이 모인 곳이 학문의 우주 곧, 대학(University)이 아니던가? 세상을 아는 지혜 「교육학 끝판왕」을 먼저 읽으면서 "우리는 모두 누군가의 스승입니다"라는 말이 먼저 와닿았다. 누구나 배우는 것은 좋아하지만 가르침을 받는 것은 싫어한다. 이는 심연(深淵)의 카오스에서 발견한 지혜인데 이 책은 그러한 이유를 재미있는 사례와 관련된 이론을 섬세하게 엮으면서 이야기하고 있다. 이 책을 읽으며 다시 한번 교육의 중요성과 필요성을 다시 한번 새기게 되었다. 인간이 위대한가? 아니다. 그 인간을 키워낸 교육이 위대하다. 책이 나오기까지 저자들을 비롯한 많은 분들의 노고에 진심으로 감사를 드린다.

- 지수근 ㈜프레디저 진단 대표이사 -

시험문제를 풀 때 문제의 핵심을 제대로 파악하고 이해를 하면 오류를 범하지 않고 정답을 맞출 확률이 높아진다. 즉, 문제와 관련된 개념이나 용어, 이론 등을 제대로 이해해야 핵심을 제대로 파악할 수 있다. 학생이나 아이를 어떻게 가르치느냐의 문제도 마찬가지이다. 교육학의 다양한 개념과 용어, 이론을 시대에 맞게 어떻게 재해석하고 이해하느냐에 따라 달라질 수 있다. 세상을 아는 지혜 「교육학 끝판왕」은 다양한 교육학의 주요 개념, 용어, 이론을 적절한 사례를 바탕으로 이해하기 쉽게 안내하는 동시에 주목해야 할 교육문제를 거론하고 분석했다. 4차 산업혁명 융·복합시대에 창의적인 인재 육성은 가정, 사회, 국가 모두 함께 가꾸어야 할 과제이자 방향이다. 대한민국 모든 학생들과 스승이 되고자 하는 현대인들에게 필독을 권한다.

- 김영호 DBpia 학술논문 이사 -

교육학의 내용은 일반적으로 교사가 학생을 가르치는 전략과 방법에 대한 것이다. 그런데 세상을 아는 지혜 「교육학 끝판왕」을 읽고 있노라면 교육학을 특정 집단인 교사만을 대상으로 하기보다는 그 지평을 모두에게 열었다. "우리는 모두 누군가의 스승입니다"라는 말처럼 교육학을 통해 세상을 아는 지혜를 전한다. 빠르게 변하는 세상에 적응하기 위해서 평생학습이 강조되고 있다. 스스로 배우고 성장하여 변화된 현실에 잘 적응하며 풍성한 삶을 살아가는데 필독서가 세상을 아는 지혜 「교육학 끝판왕」이다. 남녀노소를 불문하고 1독을 권한다.

- 오정택 '청소년을 위한 꿈꾸는 다락방' 저자, 현 장원중학교 진로교사 -

정보화시대에 살고 있는 우리는 다양한 정보와 지식을 쉽게 찾아보고 빨리 습득하며 소비하는 '지식허영'을 경험한다. 그래서 정보와 지식을 지혜로 발전시키지 못하고 단순한 소비에 그치고 있다. 주입식의 수박 겉핥기식 교육의 문제일 수도 있고, 너무 많은 지식을 가볍게 습득해서 지식과 정보의 고마움을 모르고 소비해버리는 폐혜일수도 있다. 이러한 지식과 정보의 홍수 속에 지혜로운 교육을 위한 참된 지침서를 발견했다. 세상을 아는 지혜 「교육학 끝판왕」은 다양한 도전을 하는 현직 교사들의 경험과 교육에 대한 열정을 담은 지침서이다. 선생님들의 노고에 감사와 응원을 보낸다.

- 서장원 보고인터내셔널 총괄PD -

'溫古知新'은 교직을 떠난 이후에도 나의 평생의 화두이다. '溫古知新'을 우리는 "옛 것을 익혀 새로운 것을 알아간다"로 알고 있다. 그러나 학교 선생님이 된 후, 나는 '溫古知新'을 달리 해석하며 학생들을 대했다. '溫古知新' ─ 학생들에게 나의 온기를 더하면 그들은 새롭게 성장한다는 것이다. 교사가 되려고 하는 많은 중·고등학교 학생들에게 세상을 아는 지혜 「교육학 끝판왕」이 스승의 온기를 전해주고, 학생들이 날로 새롭게 성장할 수 있도록 돕는 멘토가 되었으면 한다. 1장 교직관에 있는 "좋은 교사가 되려거든 좋은 학생이 되어라"라는 말에 100% 공감한다. 좋은 교사 이전에 좋은 학생이 되려고 노력하는 교사는 마음이 따뜻한 교사이다. 이 따뜻함(溫)이 있다면 가르치려고 하지 않아도 학생들의 배움을 저절로 불러일으킬 것이라고 확신한다. 이 책의 온기를 통해 예비교사들 또한 새롭게 성장할 수 있기를 기원한다.

- 김수영 (전) 한영고 교사 -

내가 누구를 만나느냐는 내가 어떤 세상을 만나는지 결정짓는다. 아무리 좋은 곳이 많고, 경험할 곳이 많다고 하여도 그 많은 곳곳을 모두 여행할 수 없듯이, 모든 인생을 다 경험해 볼 수는 없다. 모든 걸 경험해 볼 수 없기에, 최고의 선택이 아니면 어쩌나 싶어 선택이 망설여진다면, 세상을 아는 지혜 「교육학 끝판왕」을 읽어 보기를 추천한다. 다양한 색상에 우위가 없듯이, 모든 인생의 색은 소중하고 그 자체로 예쁜 것이다. 여러분들보다 조금 더 일찍 고민했던 선생님들이 뒤따라 올 여러분들의 선택과 용기를 응원하고 어떤 삶이 어떤 진로가 여러분을 더 빛나게 할 수 있을지 고민하고 책을 펴냈다. 우리의 인생은 긴 시간 쌓아 올려야 하는 작품이기에 오늘의 성과는 작아 보여도 낙담할 필요는 없다. 대단한 재능도 결국 꾸준한 노력에서 탄생하는 법이다. 끝도 없는 시간 동안 나의 온갖 에너지를 쉼 없이 담는 것이 노력의 본질은 아니다. 노력은 거창한 게 아니라 작은 실행 습관이다. 진로라는 삶의 방향에 시간이 덧씌워지면서 큰 작품이 된다. 세상에 여러분들의 지금 당장의 모습을 바로 보여주는 것은 아닐 테니 말이다. 목표를 정해야 한다. 목표가 정해지면 덜 방황하기 마련이다. 비바람에 흔들리고 컴컴한 망망대해를 헤매도, 목적지가 있다면 방향키를 다시 맞출 수 있다. 늦었다고 생각하면 마음이 움츠러든다. 교실에서 전국의 학생이 동일한 교재로 동일한 진도를 동일한 수준으로 진행하다 보니 자꾸 옆의 친구들과 나를 견주어 볼 수 있다. 내가 모든 면에서 친구들보다 우월할 수 없으니 지금에서 부족한 부분이 크게 느껴지고, 자신감도 줄어들게 된다. 우리 교실문화와 교육제도가 잘못된 것인데, 그 상처는 학생들이 받게 된다. 그래서, 나를 찾는 과정이 반드시 중요하다. "나는 누구인가?", "내가 무엇을 좋아하나?", "내 안의 다양한 능력 중에서 조금 더 잘하는 건 무엇인가?" 자신과 대화하며 고민하는 시간은 무척 중요하다. 인생의 방향을 결정짓는 질문이 된다. 당장 성적의 압박이 짓누르다 보니, 이런 한가한 생각은 사치라고 생각한다. 그래서, 점수를 올리는 기술을 숙련하는데 시간을 모두 보내도 여전히 부족하다. 방향이 맞지 않는데, 열심히 노력만 한다면 행복과 자존감으로부터 멀어지는 곳으로 달릴 수도 있다. 멀어진 만큼 되돌리는데에도 더 많은 시간이 필요하다. 진로는 우리가 행복하게 살기 위한 방향설정이다. 하나의 기준으로 순위 평가했던 경쟁의 환경이 내재화 되어, 여러분의 수 만큼이나 여러 진로가 모두 찬란할 수 있다는 말에 의구심이 든다면, 세상을 아는 지혜 「교육학 끝판왕」을 펼쳐보기 바란다. 정동완 선생님과 교육학 전문가 선생님들이 보내는 위로와 응원이 여러분들의 가슴을 따뜻하게 이끌고, 여러분도 모르는 여러분을 찾아갈 수 있는 방법을 전할 것이다.

- 김진세 교육의 시선 -

세계적인 축구선수 박지성의 곁에는 아버지와 히딩크 감독과 퍼거슨 감독이라는 인물들이 있었다. 그들이 없었더라면 박지성은 과연 세계적인 선수가 되었을까? 라는 합리적인 의심을 해본다. 얼마 전 박지성은 인터뷰에서 왜 지도자의 길을 걷지 않고 축구행정가의 길로 들어서느냐는 질문에 그는 이렇게 답변한다. "나는 히딩크 감독이나 퍼거슨 감독처럼 선수 개개인이 가지고 있는 역량을 최대치로 끌어올릴 만큼의 지도력을 갖추지 못했기 때문이다." 그렇다. 좋은 선수로 양성하는 것과 좋은 감독이 되는 것은 다른 것이다. 좋은 선수를 양성한다는 것은 지도력과 함께 통찰력 외에도 수 많은 요인들의 조합과 균형을 필요로 한다. 우리 아이들에게는 지금 좋은 감독이나 멘토가 있는가? 그렇지 않다면 좋은 감독이나 멘토를 찾아내기 위해 노력 했는가? 이 의문과 반문에 대해 세상을 아는 지혜 「교육학 끝판왕」이라는 답을 제시해본다. 세상을 아는 지혜 「교육학 끝판왕」은 멋진 교사가 되고자 하는 학생들과 좋은 부모가 되고자 하는 이들을 위한 훌륭한 길라잡이가 되어줄 것이다. 길라잡이란, 방향성을 의미하는 것이지 정확성을 의미하는 것은 분명 아닐 것이다. 하지만 모호했던 방향성을 밝혀준다는 것은 시행착오의 횟수를 줄이는 효과를 볼 수 있음을 의미한다. 미래의 독자들이 세상을 아는 지혜 「교육학 끝판왕」을 정독하고, 이론의 적용을 통해 증명되는 과정을 체험해 볼 것을 권한다. 책을 통해 학생들은 좋은 스승이 되고 어른들은 좋은 부모가 되길 바란다.

- 심동화 초중고 진로진학입시 | 학습코칭 전문가 교육그룹
교육을 담다(교담) 연구소장 -

'생각하는 대로 살지 않으면 사는 대로 생각한다'는 말이 있다. 이처럼 세상을 아는 지혜 「교육학 끝판왕」은 '좋은 교사가 되려면 지금 좋은 학생이 되라'고 독자들에게 굵직한 메시지를 던지며 시작한다. 책의 처음부터 끝까지 광범위한 교육학의 이론 중 가르치는 일을 진로로 선택하려는 학생에게 교사의 길과 교육의 길에서 만날 수 있는 주옥같은 사례를 소개한다. 아동의 발달과정을 바르게 이해할 때 눈높이 교육이 가능하다는 사실에 대한 생생한 사례를 읽다보면, 저절로 교육학의 중요성을 느끼게 된다. 한의대를 합격하고도 등록을 포기한 할아버지의 사례에서 공부의 진정한 가치가

무엇인지 반문하게 하기도 하고, 어떤 일의 결과에 대한 사람들의 접근 방식을 귀인이론으로 쉽게 풀어내면서 현재 내가 어떤 사고로 어떤 공부를 해야 하는지를 생각하게도 한다. 일반인들이 가볍게 읽으면서도 큰 울림을 받는 교양 도서이기도 하지만, 교사를 꿈꾸며 진로를 준비하는 학생이라면 책의 각 장마다 다양한 교육관련 사례에 대한 면접 질문과 답의 방향이 시원한 단비처럼 느껴질 것이다.

- 장희재 김해삼방고 -

점점 영역을 넓혀 간다. 그리고 더 깊이 파고 들어간다. 영어교육과 진로진학에 이르기까지 관련 범위가 다양하고 넓지만 어느 분야 하나 전문성이 떨어지거나 빈약한 것이 없다. 그가 기획하고 제작하는 책들을 연달아 보아도 전문가의 모습이 확연하게 느껴진다. 바로 정동완 선생과 <끝판왕 시리즈> 이야기다. 이번에는 그가 풍부한 경험을 갖춘 현직 교사들과 팀을 이루어 중·고교생을 위한 유일무이한 교육학 관련서, 세상을 아는 지혜 「교육학 끝판왕」을 펴냈다. 책을 볼 때마다 놀라지만 이번에는 사범대학 교수님들 못지 않은 기획력과 집필력으로 또 독자들을 놀라게 한다. 학교 안팎에서 벌어지는 일화를 바탕으로 내러티브를 풀어가고 핵심 이론을 어렵지 않게 설명하는, 쉬우면서도 깊이가 있는 노작이다. 교사가 되고 싶어하는 중·고교생 뿐만 아니라 자녀 교육을 위한 부모의 지침서나 현대인을 위한 교양서로도 훌륭하다. 부디 많은 독자들이 이 책의 유용성을 눈으로, 머리로 느끼기를 바란다.

- 이만기 유웨이교육평가연구소장 겸 부사장 -

사실 대학의 교과과정, 혹은 수험용으로 나온 교육학 책들은 재미가 없다. 당연한 것이 통상 교육학 서적들이 애초에 재미나 흥미를 목적으로 하지도 않았으며, 교육이라는 주제가 가진 무게감이 저자나 독자 모두를 재미로부터 멀어지게 할 수 밖에 없지 않았나 생각한다. 세상을 아는 지혜 「교육학 끝판왕」은 그런 면에서 기존의 교육학 책들과는 완전히 다르다. 이 책의 장점을 요약하자면 첫째, 읽기가 쉽다. 삽화, 편집, 그리고 곁에서 이야기하듯 설명해주는 문제 덕분이다. 쉽게 쓰였다고 해서 결코 내용이나 깊이가 가벼운 것은 아니다. 교육학 영역에서 다루는 다양한 주제들을 의미있게 다루고 있다. 두 번째로 재미가 있다. 교육현장에서 있음 직한 일들을 실제 사례나 예시를 통해 전달해주기에 한 번 읽기 시작하면 책장 넘김이 계속되는 것을 느낄 수 있을 것이다. 그러면서도 모의 면접 문항, 그리고 독서 노트 작성에 도움이 되는 요약, 논술형 문제 답안 예시는 교육학을 공부하는 다양한 독자들에게 실질적인 도움까지 줄 수 있는 교육학 텍스트로도 손색이 없다. 흔히 교육은 희망이라고 한다. 그래서인지 사회 구성원의 대부분은 교육에 대해서 논하는 것을 좋아한다. 꼭 교직에 목표를 두고 있지 않더라도, 변치 않는 우리 사회의 논의 주제인 교육학에 대해서 고민해볼 수 있는 교양 입문서로서의 책의 역할이 기대된다.

- 전성훈 클래스카드 부대표 -

미래를 연구하는 사람으로서 근본적으로 두 가지 어려움을 늘 안고 살아간다. 한 가지는 점점 더 빨라지는 변화의 주기를 따라잡는 것이다. 변화의 폭이 크고, 속도가 빠를수록 마음 한쪽에서는 중심을 잡아줄 '무게 추'를 찾게 된다. 다른 어려움은, 수많은 미래연구가 결국 미래세대를 위한 교육현장으로 연결되지 못하고 겉도는 점이다. 미래연구에 생명력을 부여하는 '방향 타'가 필요하다. 미래 앞에서 흔들리지 않는 무게 추가 요구될 때, 적어도 쓸모 있는 교육을 하고 있다는 방향의 확신이 갈급할 때 세상을 아는 지혜 「교육학 끝판왕」을 읽어보기 바란다. 최첨단 미래의 묵시록 같은 영화의 리더는 대부분 망토를 두르고 있는 것처럼, 바로 지금과 가까운 미래에 탄탄한 교육정신력을 지탱해 줄 만한 괜찮은 책 한 권을 만난 느낌이다.

- 성기철 유메이커스 대표 -

일반적으로 교수자라 함은 학생을 가르치는 선생님을 뜻하는 말로 통용된다. 그 범위를 확장하면 가르치는 직업을 꿈꾸는 예비교사는 물론 집 안에서는 우리 아이들에게 선생님의 역할을 수행해야 할 학부모 역시 교수자라 할 수 있다. 이들 중에서 통찰력을 지닌 다수의 사람들은 단순히 아이들을 열심히 가르치는 것만이 교육의 전부가 아니라는 것을 잘 안다. 그들은 교육관을 바로잡기 위해 교육학 이론서를 읽고, 교육 트렌드에 뒤처지지 않게 열심히 세미나에도 쫓아다니며, 지친 몸과 마음을 동료들과의 의미 있는 만남 속에서 회복하기도 한다. 이 교수자들에게 가뭄에 단비와 같은 책이 나왔다. 복잡한 교육학을 쉽게 풀어 써놓은 데다 곳곳에 이론과 사례, 연구 결과를 적절히 엮어놓아 읽는 순간 이해가 되는 효과를 발휘한다. 참된 스승이 되는 이론/교양서에 목말라 있다면 지금 이 책을 펼쳐 보길 권한다.

-김무현 교육매거진 앤써 발행인/(주)해오름커뮤니케이션즈 대표-

선생님들을 위한 이 책의 활용법

1 책이 18장으로 구성되어있기 때문에 1학점 17차시로 수업을 진행하기에 적합합니다. 시작은 책 읽기와 요약, 이론 설명, 그룹 토론, 면접 문항을 기반으로 자기 생각을 써보기 등의 활동을 추천드립니다. 2학점 34차시로 진행하실 경우에는 학생들의 발표와 피드백시간을 연장하시면 됩니다.

2 교육학 교과서와 내용 및 구성이 비슷하기 때문에 수업 보조자료 및 진로 독서자료로 함께 사용하셔도 좋습니다.

3 책의 구성은 <일상과 교육의 연결>, <교육학 이론 설명>, <삶에서의 적용>, 그리고 <면접 및 논술 질문과 추천 답변> 입니다.

4 각 챕터별로 <일상과 교육의 연결>, <쉽게읽는 교육학 알짜내용>, <삶에서의 적용> 순서대로 읽는 것을 추천합니다.

5 두번째 시간에는 <면접과 논술의 질문과 추천 답변>에서, 질문을 먼저 읽고, 자기 생각을 써보기, 짝끼리 토론, 그룹별 토론으로 확장하여, 다양한 생각을 나누게 하는 활동을 추천드립니다. 이후에 추천 답변을 읽고, 본문의 내용을 깊게 이해하는 것도 좋은 방법입니다.

6 독서 후에 학교 교과선생님, 교수님, 주변 선생님 등 스승과 관련 이야기를 나누고, 그 분들의 이야기를 실제로 들어보는 것도 삶으로서의 교육이 더 의미를 지니기에 좋습니다. 새 챕터를 시작할때, 배경지식 없이 핵심 주제에 대하여 생활속에서 느끼는 감정이나 생각을 자유롭게 나누며 시작하는 것도 의미가 있습니다.

7 중고등학교에 <교과세특><동아리활동 세특>이나 활동 기록 시, 다음 네 가지를 중심으로 기록하시면 좋습니다.

    가. 동기: 학생들의 교육학 선택 동기(이유, 진로와 연결이나 성장으로서의 이유)

    나. 역할: 수업 중 활동에서 맡은 역할. 학습을 위해 노력한 부분들

    다. 느끼고 배운점: 학습한 챕터중에 가장 기억에 남는 내용과 챕터, 그리고 그 이유

    라. 변화: 적용을 위해 활동한 부분들. 면접과 토의를 통해 생긴 생각과 행동의 변화들

8 마지막 강의는 학생들이 교육 관련 자유주제로 스스로 조사하고 발표하게 하는 것을 추천드립니다. 수업 중에 배운 내용이나 뉴스를 통해 접한 내용 등 학생이 스스로 선택한 주제를 조사하고 자유롭게 발표하면 기록과 평가에도 도움이 되며 학생의 성장과 성취를 기록할 수 있습니다.

세상을 아는 지혜
교육학끝판왕

03 학습이론

04 교육과 사회

01

교육의 목적과 가치

1장
교직관

사탕을 좋아하는 한 아이가 있었습니다. 아이는 밥 먹듯이 사탕을 먹었고, 심지어 잠자리에서도 사탕을 물었습니다. 아이의 이가 썩고 부모님의 마음이 타들어갔습니다. 어머니가 몇 번이나 따끔하게 혼내고 때로는 좋은 말로 타일러도, 아이는 쉽게 사탕을 포기하지 못하였습니다. 어머니는 지푸라기라도 잡는 심정으로 유명한 선생님에게 도움을 청하기로 했습니다. 선생님의 집은 꽤 멀었지만, 무엇도 어머니의 의지를 꺾을 순 없었습니다. 힘들다고 보채는 아이를 다독이며 한참을 걸어, 모자(母子)는 드디어 선생님의 집에 도착하였습니다.

"안녕하세요, 선생님."
"안녕하세요, 무슨 일로 오셨나요?"
"선생님, 제 아들이 사탕을 너무 좋아해서 이가 많이 썩었어요. 사탕을 그만 먹었으면 좋겠는데 제 말은 도통 들질 않네요. 제 아이에게 사탕을 먹지 말라고 한 말씀만 해주실 수 있나요?"
"음... 보름 후에 다시 오시지요."
"네? 보름요?"
"네. 15일 후에 다시 오십시오."

어머니는 매우 당황스러웠습니다. 멀리서 온 손님을 문전박대하는 선생님이 서운했고 한편으로는 왜 보름 후에 오라는지 궁금하기도 하였습니다. 약속한 보름이 지나고, 모자(母子)는 먼 길을 걸어 다시 선생님의 집에 왔습니다.

"선생님, 다시 왔습니다. 저희를 기억하시죠?"

"네, 그럼요."

"제 아이에게 한 말씀만 해주세요."

"애야, 사탕을 먹지 말거라. 왜냐하면…."

선생님은 한참 동안 아이에게 충고를 해주었습니다. 긴장했던 아이는 표정이 점점 밝아지며 선생님의 말씀에 귀를 기울였습니다. 아이의 다짐을 끝으로 선생님의 설교가 끝났습니다. 아이의 머리를 쓰다듬으며, 선생님이 말했습니다.

"다 되었습니다. 돌아가셔도 좋습니다."

"선생님, 감사합니다. 그런데 하나만 여쭈어봐도 될까요?"

"네, 말씀하십시오."

"처음부터 이렇게 말씀해주셨어도 될 텐데, 왜 굳이 보름 후에 다시 오라고 하신 건가요?"

"사실 저도 사탕을 매우 좋아해서 즐겨 먹습니다. 제가 사탕을 먹으면서 아이에게 사탕을 먹지 말라고 말할 수는 없었습니다. 제가 사탕을 끊는 데 보름이 걸렸습니다."

위 이야기는 실제로 있었던 일을 재구성 한 것입니다. 글에 등장하는 '선생님'이 누구인지 아시나요? 그는 바로 인도의 국부(國父)이자 스승인, 마하트마 간디입니다. 여러분이 만약 간디의 자리에 있다면, 처음 보는 아이에게 훈계하기 위해 좋아하던 간식을 끊을 수 있을까요? 흔히들 교사는 항상 모범을 보여야 한다고 합니다. 1장에서는 교사가 항상 행동을 조심하고, 모범적인 모습을 보여야 하는 이유에 대해 이야기해 보겠습니다.

모든 동물들의 본능, 모방

　TV에서 동물 다큐멘터리를 본 적이 있을 것입니다. 혹시 새끼들이 어미의 행동을 흉내내는 장면을 보았나요? 새끼는 털 고르기나 사냥연습 등 어미의 행동을 그대로 보고 따라 합니다. 이 행동양식은 사람에게도 나타납니다. 아들은 아버지를 따라 면도하는 시늉을 하고, 딸은 어머니를 따라 화장을 하는 흉내를 냅니다. 지능을 가진 대부분의 동물에게 이런 현상이 관측되는데, 이를 **모방학습**modeling이라고 합니다. 야생에서 어미를 모방하지 않는 새끼들은 모두 생존 경쟁에서 도태되었습니다. 동물들은 살아남기 위해 어미를 모방하게 된 것입니다. 엄밀히 말하면 모방하는 동물들만 선택적으로 살아남게 된 것이지요. 인류는 모방을 통해서 살아남았고, 생존 유전자를 후대에 물려주었습니다. 우리는 모두 '모방'이라는 생존 유전자를 가지고 태어났습니다.

　요즘 많은 부모님들이 자녀의 교육에 관심을 가지고 고민을 토로합니다. 아이가 스마트폰을 만지는 대신 책을 읽었으면 좋겠다고 합니다. 아이에게 책을 읽으라고 백날 잔소리해도 아이는 쉽게 책을 읽지 않습니다. 여기에 모방학습을 이용할 수 있습니다. 아이에게 독서습관을 길러주기 위해서는 잔소리를 하는 대신, 부모님이 직접 책을 읽으면 됩니다. 부모님이 책을 읽으면 아이는 자연스레 부모님을 모방하게 될 것입니다. 모방은 주로 아이가 어릴수록, 모방하려는 대상과 친밀도가 높을수록, 모방하려는 대상을 존경하거나 애착이 깊을수록 더 많이 발생합니다. 고등학생 자녀가 책을 읽지 않는다고 부모님이 솔선수범해 책을 읽어도 별 도움이 안 될 수 있다는 말입니다.

모방학습(modeling)이 잘 일어나려면?

- 아동이 어릴수록 좋음
- 모방하려는 대상(부모님, 선생님)과 아동의 친밀도가 높을수록 좋음
- 아동이 모방하려는 대상을 존경, 흠모하거나 애착이 깊을수록 좋음

반대로 생각해보면, 아이는 모방을 통해 부모나 주변인의 부적절한 행동을 그대로 따라 할 수 있습니다. 친구들에게 흡연이나 욕을 배워올 수도 있지요. 미국의 한 담배회사는 '멋있는 카우보이가 담배를 피우는 모습'을 광고로 만들었고, 이로 인해 미국의 수많은 청소년들이 흡연을 시작했습니다. 미국의 청소년들은 아마도 이렇게 생각했을 것입니다. '나도 담배를 피우면 저렇게 멋진 카우보이처럼 될 수 있겠다!' 맹자의 어머니가 맹자의 교육을 위해 이사를 세 번이나 간 것도 비슷한 이유에서입니다(맹모삼천지교, 孟母三遷之敎). 묘지 근처에서 살 때 맹자는 곡(哭) 소리를 흉내 내었고, 시장 근처에서 살 땐 장사꾼들을 따라 했습니다. 요즈음 크리에이터나 BJ의 유행어를 무분별하게 따라 하는 학생들도 모방학습의 예로 볼 수 있습니다.

학생들이 선생님을 좋아하면 선생님의 말투와 가치관을 그대로 모방할 수 있습니다. 존경하는 선생님을 따라 교사의 꿈을 키우기도 하고, 싫어하는 선생님 때문에 학교에 반감을 가지기도 합니다. 교사가 되려는 여러분은 어떤 마음가짐으로 주변 사람들을 대해야 할까요?

좋은 교사가 되려거든 좋은 학생이 되어라

호손의 소설 「큰바위얼굴」을 읽어보았나요? 한 마을에 얼굴 모양의 큰 바위산이 있었습니다. 사람들은 이 바위산을 '큰바위얼굴'이라고 불렀지요. 전설에 의하면, 언젠가 큰바위얼굴을 닮은 위인이 마을에 나타날 것이라고 했습니다. 주인공 어니스트는 큰바위얼굴을 닮고 싶어 하는 마음으로 진실하고 겸손하게 살아갑니다. 세월이 흘러, 어니스트는 노인이 되었습니다. 사람들은 노인 어니스트가 큰바위얼굴을 닮았다는 것을 깨닫게 됩니다.

교사는 학생들에게 큰바위얼굴이 되어야 합니다. 학생들이 닮고 싶어 하는 모델이 되어야 합니다. 교사를 다른 말로 **선생**先生, 먼저 난 사람이라고 하는 것도 이런 이유입니다. 또한 교사는 제자들이 감동하고 존경하며 우러러볼 수 있는 존재가 되어야 합니다. 학생에게 지시하지 않고 먼저 모범을 보여야 합니다. 솔선수범해야 합니다. 스스로 흡연하면서 학생에게 담배를 피우지 말라고 할 수 없습니다. 먼저 노력하는 모습을 보여줘야 합니다.

여러분의 꿈이 바뀌어 장차 교사가 되지 않더라도, 언젠가는 누군가의 스승이 될 것입니다. 누군가는 여러분을 우러러보고 배울 것입니다. 그것이 여러분의 친구일 수도 있고, 후배나 조카 혹은 자식일 수도 있습니다. 지금 이 순간에도 누군가는 우리를 보고 있습니다. 우리는 모두 큰바위얼굴인 셈입니다.

2005년에 한 방송사에서 천주교 사제(신부)가 되기 위한 과정을 다큐멘터리로 만들어 방송한 적이 있었습니다. 7년간의 엄격한 교육과정을 거쳐 한 명의 천주교 사제가 탄생한다는 내용의 다큐멘터리였는데, 그 내용은 아직까지도 많은 누리꾼들 사이에서 회자되고 있습니다. 다큐멘터리에서 한 신학생의 책상에 다음과 같은 글귀가 붙어있었습니다.

> "훌륭한 성직자가 되는 방법은 훌륭한 신학생으로 사는 것이다."

사제가 되어도 신학생 때의 마음가짐을 유지하는 것이 중요하다는 말입니다. 여러분을 위해, 이 글귀를 조금만 수정해 보겠습니다. 아래와 같이 멋진 문구가 만들어졌네요. 사실, 이 문구는 제가 사범대학을 다니던 시절, 책상에 붙여놓고 스스로 되뇌던 것입니다.

> "좋은 교사가 되려거든 좋은 학생이 되어라."

좋은 교사는 한순간에 만들어지지 않습니다. 바위가 오랜 세월의 침식을 거쳐 둥근 조약돌이 되듯이, 오랜 기간의 절제와 인내로 만들어지는 것입니다. 성적만 좋다고 좋은 교사가 될 수는 없습니다. 스스로 수업 시간에 졸면서 교사가 되었을 때 학생들이 졸지 않기를 바랄 수는 없습니다. 교칙을 어기고 몰래 비행(非行)을 저지르면서, 교사가 되었을 때 학생들이 그러지 않기를 바랄 수는 없습니다. 존경받는 선생님이 되고 싶다면 지금 학교에서 선생님을 존경할 수 있어야 합니다. 사랑받는 선생님이 되고 싶다면 지금 학교에서 선생님을 사랑할 수 있어야 합니다. 조건 없이 모든 선생님을 존경하고 사랑해야 한다는 말이 아닙니다. 선생님을 존경하기 위해 노력하는 과정에서, 여러분은 여러 선생님의 입장과 관점을 이해하게 되고 스스로 많은 깨달음과 교훈을 얻을 것입니다. 좋은 학생이 되십시오. 그리고 좋은 교사가 되기 바랍니다.

이런 면접 어때요?

※ 다음 제시문을 읽고 면접 문항에 답하라(예상 소요 시간 : 10분)

'스승의 그림자도 밟지 않는다'는 옛말이 있다. 스승과 함께 걸을 때 감히 스승을 앞질러 걸어 가지 않으며, 스승의 뒤를 따르면서도 혹여나 스승의 그림자라도 밟을까 노심초사했던 제자의 마음을 짐작할 수 있는 말이다. 하지만 오늘날, 우리는 '스승'이라는 말조차도 꺼내기 민망한 시 대를 살아가고 있다. 교원단체 A에 따르면 학부모나 학생의 폭행, 폭언 등으로 교권침해를 당하 고 단체에 상담을 요청한 교사가 최근 10년간 두 배 이상 증가했다. 교권침해의 발생은 공교육 의 붕괴를 가속화할 수 있다. 스승을 인정하지 않고 존경하지 않는 학생들이 학교에서 무엇을 배 울 수 있을까? 최근 김 교사 역시 같은 문제로 교원단체에 상담 전화를 걸었다. 김 교사의 사연은 이러했다. 김 교사가 담임을 맡은 학급에서 학교폭력이 발생하였다. 학생들의 다툼은 학부모 사 이의 감정싸움으로 번졌고, 결국 학교폭력심의위원회까지 열렸다. 심의위원회에서 양측이 모두 가해 사실이 있다는 결론이 나자, 학부모들은 공격의 대상을 김 교사로 돌렸다. 학부모들은 문제 의 책임이 김 교사에게 있다며 교육청과 국민신문고에 민원을 넣고, 언론사에 알리겠다며 김 교 사를 압박했다. 어느 날은 밤늦게 김 교사의 집을 찾아와 사과를 요구하기도 하였고, 지속적인 문자를 보내기도 하였다. 극도의 스트레스를 받은 김 교사는 학교장에게 도움을 청하였지만, 교 장은 '김 교사가 사건을 키우지 말고 학부모와 잘 처리하라'며 한발 뒤로 물러섰다.

01. 김 교사가 겪고 있는 문제는 무엇이며, 그 원인은 무엇인지 설명하시오.
02. 김 교사의 입장에서 대처방안을 제시하시오.

생각 보태기

최근 들어, 교사들이 학생이나 학부모로부터 교육 활동을 침해받고 심한 스트레스를 호소 하는 사례가 증가하고 있습니다. 교육 활동 침해에 단호하고 적절하게 대처하지 못할 경우, 침 해 당사자인 교사가 심각한 스트레스를 받게 되는 것은 물론이며, 직·간접적으로 교사의 수업 을 받는 학생들과 학부모들에게 부정적인 영향을 끼치게 됩니다. 교육 당국은 나날이 심각해지 는 교육 활동 침해에 적극적으로 대응하기 위해서 '교원의 지위 향상 및 교육 활동 보호를 위한 특별법'을 제정하여 교사의 교육 활동 보호를 명문화하였습니다. 지원 학생이 학교 현장에서 발생하는 교권침해 상황과 관련 법에 대해 얼마나 많은 관심을 가지고 있는지를 확인하는 면 접 문항입니다.

답변 도우미

01. 김 교사가 겪고 있는 문제는 '학부모에 의한 교육 활동 침해' 및 '학교장의 교육활동 침해행위에 대한 교원 보호 조치 미이행'입니다. 교권침해는 지난 10여년 사이 250% 이상 증가하였습니다. 교권침해는 교사의 정당한 업무를 방해하고 선생님에게 씻을 수 없는 신체적·정신적 고통을 주며, 교권침해 당사자 뿐만 아니라 선생님의 수업을 듣고 교류하는 모든 학생들에게 추가적인 피해를 줄 수 있습니다. 이에 정부는 2019년 교원의 지위 향상 및 교육활동 보호를 위한 특별법을 개정하여 교원의 안전한 근무환경 보장을 위한 기틀을 마련하였습니다. 교사가 업무처리의 미숙이나 절차적 오류로 학부모 민원의 원인을 제공하였을 가능성이 있으나, 제시문에 언급된 내용만을 바탕으로 일반적인 교권침해 사안이라고 가정하고 사안을 분석 해 보겠습니다. 일반적으로 학교폭력 사안의 경우, 담임교사는 인지 즉시 학교장에 보고해야하며, 이후의 모든 조치는 학교폭력예방법과 교육부가 정한 학교폭력사안처리 절차에 따라 이루어집니다. 그러므로, 담임으로서 학교폭력 예방을 위한 상담활동 등을 실시하고 학생관리에 만전을 기했다면, 학교폭력이 발생한 것만으로 담임교사의 책임을 물을 수 없습니다. 그러므로 학부모의 행동(과도한 항의, 야간까지 이어지는 문자발송, 자택방문 등)은 교사의 정당한 업무를 방해하는 교권침해사안이라고 판단할 수 있습니다. 또한 학교장은 소속학교 교사의 권리를 보호할 의무가 있음에도 개인적인 이유로 적절한 조치를 취하지 않았습니다. 이러한 문제의 근본적인 원인은, 학부모와 교사, 학교장이 교권침해에 대한 인식과 교육이 부족하며 제도의 강제성이 부족하다는 점에 있습니다.

02. 제가 김 교사라면 부적절한 방식으로 항의하는 학부모에게 '학부모님의 행동은 교권침해에 해당한다'는 것을 고지하고, 학부모의 침해행위를 수집하여 학교장과 교육청에 교권침해 발생을 알리고 필요한 안전조치를 요구하겠습니다. 또한 지역 교육청의 교권보호센터에서 상담 등의 각종 지원을 요청하고 필요하다면 교권침해 특별휴가를 요청하겠습니다. 학교장은 「교원의 지위향상 및 교육활동 보호를 위한 특별법」 제15조 제1항에 따라 소속 교원이 교권침해를 알릴 경우 피해 교원의 치유와 교권회복을 위해 필요한 조치를 취할 의무가 있습니다. 제가 김 교사라면 학교장에게 교원지위법에 따라 적법한 조치를 취해 줄 것을 요청하고 필요하다면 교육청에 직접 도움을 청하겠습니다.

행복하기 위해 배웁니다

2장
교육의 목적

돌이켜보면 중학생 시절의 수아는 정말 행복했습니다. 주변엔 마음 맞는 친구들이 많았고 선생님들과도 좋은 관계를 유지했습니다. 부모님도 수아에게 많은 관심과 사랑을 주셨습니다. 무엇보다 성적이 괜찮았기 때문에 모든 일이 잘 풀린 것 같습니다. 하지만 고등학교에 진학하면서 상황이 달라졌습니다. 수학 성적이 떨어지는 것을 신호탄으로, 대부분 과목의 성적이 앞 다투어 하락했습니다. 갖은 노력에도 불구하고 성적을 회복할 수 없었습니다. 수아는 생각이 많아지고 고민이 깊어졌습니다. 급기야는 왜 공부를 해야 하는지 의문이 생겼습니다. 부모님께서는 정신 차리고 학원을 열심히 다니라고 하셨지만, 수아는 지치고 길을 잃었습니다. 한 발짝도 앞으로 나아갈 수 없었습니다. 모든 것을 내팽개치고 어디론가 도망가고 싶었습니다. 밤새도록 뜬눈으로 고민을 하다 보니, 학교에서는 졸거나 엎드려 자기 일쑤였습니다. 결국, 담임선생님이 수아를 교무실로 호출합니다.

"수아야, 요새 힘든 일 있니?"
"아니요, 괜찮아요 선생님."
"괜찮으니 편하게 선생님께 말해보렴."
"아니에요. 그냥 요새 잠을 푹 못 자서 그래요."

선생님은 학기 초부터 수아의 성적과 태도를 눈 여겨 보고 있었습니다. 선생님은 수아가 무슨 고민을 하는지 어렴풋이 알 수 있었지만, 성급하게 다가갔다가는 수아가 마음의 문을 걸어 잠글 수 있다는 것을 알았습니다. 선생님은 책장에서 얇은 책을 한 권 꺼냅니다.

"수아는 이 책을 읽어 본 적 있니? 「꽃들에게 희망을」이라는 책이란다."

"아니요."

"이게 사실 선생님 아들이 보는 동화책인데, 나도 워낙 좋아해서 종종 읽곤 한단다."

선생님은 동화책의 줄거리를 설명해 주셨습니다.

"이 책의 주인공은 애벌레란다. 애벌레들은 아무 이유 없이 경쟁적으로 기둥을 올라가지. 주인공 애벌레도 남들을 따라서 기둥을 올라가는데, 주변의 애벌레들에게 물어봐도 '왜 기둥을 오르는지', '기둥의 꼭대기엔 무엇이 있는지' 아무도 모른단다."

"..."

"가만히 생각해 보니, 선생님도 애벌레처럼 기둥을 오르던 시절이 있었어. 남들한테 뒤처질까 봐 정신없이 공부했는데 어느 날 슬럼프가 왔단다. '내가 왜 공부를 하고 있지?', '왜 공부를 해야 하지?' 이런 생각이 드니까, 도저히 책을 펼 수 없었어."

"선생님도 그랬던 적이 있었다고요?"

"그럼. 선생님은 슬럼프가 꽤 오래갔단다. 답답한 마음에 이것저것 다 시도해봤지만, 답을 찾을 수 없었어."

"선생님, 사실 저도 요새 심한 슬럼프에 빠졌어요. 공부를 왜 해야 하는지 모르겠어요. 옛날엔 부모님께서 시키는 대로만 했었는데, 지금은 길을 잃은 느낌이에요."

"수아가 많이 답답했겠구나. 목적 없이 공부를 하는 것은 도착지도 없이 버스를 타는 것만큼이나 불안하고 힘든 일이지. 그러면 오늘은 수아가 공부를 하는 목적을 같이 한번 찾아볼까?"

"네, 좋아요 선생님."

여러분이 공부를 하는 목적은 무엇인가요? 수아처럼 슬럼프에 빠지지 않았더라도, 공부의 목적에 대해 생각해 보는 것은 아주 중요합니다. 두 명의 달리기 선수 중 한 명에겐 '3,000m를 뛰어라'고 하고, 다른 한 명에게는 '그냥 뛰어라'고 했을 때, 누가 더 좋은 기록을 낼 수 있을까요? 3,000m를 뛰어야 한다는 목표가 있다면, 선수는 어느 정도 속도로 페이스를 조절하고 언제부터 전속력으로 뛰어야 할지 계획할 수 있을 것입니다. 이처럼 적절한 목적의 설정은 효율적인 학습을 위해서도 중요합니다. 2장에서는 교육의 정의와, 그 목적에 대해 이야기 해보겠습니다.

　동양과 서양에서 교육을 바라보는 관점은 조금 다릅니다. 한자의 속뜻을 통해 동양의 전통적인 교육관을 알 수 있습니다. '**교육**教育'에서 '교(敎, 가르칠 교)'는 아버지의 엄격함, '육(育, 양육할 육)'은 어머니의 자애로움을 뜻합니다. 회초리로 치며 아이를 가르치는 아버지의 엄격함과, 아이에게 젖을 물리는 어머니의 자애로움을 모두 포함하는 것이 바로 교육입니다. 자상한 배려 없는 엄격한 교육이나, 원칙 없는 맹목적인 사랑은 교육이 될 수 없는 것이지요. 교육의 순우리말인 '가르치다'는 '가르다(옳고 그름을 따져서 구분하다)'와 '치다'가 합쳐진 모양으로 '지식이나 기능, 이치 따위를 깨닫게 하거나 익히게 하다'라는 의미입니다. 역시 교사의 관점에서 교육을 정의하였습니다. 「맹자」에서 교육에 대한 오랜 기록을 찾아볼 수 있습니다. 맹자는 '득천하영재이교육지(得天下英才而敎育之)'라고 말했는데 이는 '천하의 영재를 얻어 교육하는 것이 군자의 세 가지 즐거움 중 하나이다'라는 뜻입니다. 여러분도 멘토링을 하며, 혹은 친구나 동생을 가르치며 즐거움과 뿌듯함을 느낀 적이 있죠? 맹자는 교육의 특성 중, 가르치며 지식을 나누고 공유하는 즐거움을 강조하였습니다.

　서양의 교육관은 동양의 그것과 어떻게 다를까요? 교육을 뜻하는 영어 단어는 'education'으로, 영어의 뿌리인 라틴어 어원 분석을 통해 단어의 속뜻을 알 수 있습니다. 라틴어 'educare(기르다)'를 교육의 어원으로 보아 '양육하는 것'이라고 해석하기도 하며, 'e(밖으로)+duco(꺼내다)'라는 라틴어 어원을 통해 '인간의 선천적인 능력과 잠재력을 이끌어내고 발현시키는 것'이라고 해석하기도 합니다. 교육을 의미하는 또 다른 단어 'pedagogy'는 고대 그리스의 교육 노예(귀족의 자제를 학교에 데려다주고 기초교육을 담당함)를 의미하는 'Paidagogos'에서 유래하였습니다. 아이(paidos)를 인도하는 사람(agogos)이라는 뜻입니다.

　동양과 서양의 교육관에서 차이가 느껴지나요? 동양의 교육에서는 교사의 적극적인 역할을 요구하였습니다. 아동을 수동적인 존재로 여기며 교사가 회초리를 드는 등 적극적인 개입이 필요하다고 말한 것이지요. 이에 반해, 서양의 교육은 학생의 잠재력을 높게 평가하였습니다. 교사는 한발 물러서서 학생이 스스로의 능력을 발현시키는 것을 보조하는 역할을 하면 됩니다. 선생님 말씀에 토 달지 않고 필기만 하는 것을 미덕(?)으로 여겼던 동양의 전통적인 교실 분위기와 자유로운 토론이 일어나는 서양의 교실 분위기가 다른 이유가 여기에 있습니다.

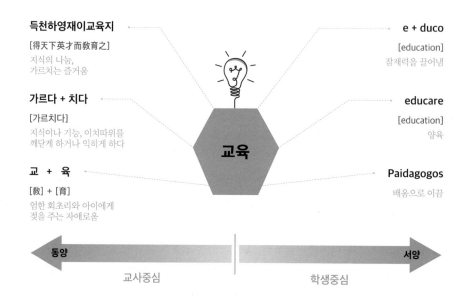

득천하영재이교육지

[得天下英才而教育之]
지식의 나눔,
가르치는 즐거움

가르다 + 치다

[가르치다]
지식이나 기능, 이치따위를
깨닫게 하거나 익히게 하다

교 + 육

[敎] + [育]
엄한 회초리와 아이에게
젖을 주는 자애로움

e + duco

[education]
잠재력을 끌어냄

educare

[education]
양육

Paidagogos

배움으로 이끔

교육

동양 ◄ 교사중심   학생중심 ► 서양

▲ 동·서양의 교육에 대한 정의

교육의 목적

    교육의 목적을 내재적 목적과 외재적 목적으로 나누어 볼 수 있습니다. **내재적 목적**_{內在的, intrinsic motivation}은 교육 활동 자체를 통해 고유한 가치와 이상을 추구하는 것으로, 지식 습득을 통한 즐거움, 인격 성장, 자아실현, 전인교육 등이 이에 해당합니다. 이와 달리 **외재적 목적**_{外在的, extrinsic motivation}은 교육을 수단이나 도구로 여기고 교육 활동 밖에 있는 가치를 성취하고자 하는 것을 의미합니다. 취업, 공무원 시험 합격, 좋은 대학에 진학하기 등이 이에 해당하지요. 다음 학생들의 발언을 통해, 각 학생들의 사례가 내재적 목적과 외재적 목적 중 어디에 해당하는지 생각해 봅시다.

한솔 | 나는 의사가 되고 싶어. 어릴 적부터 부모님은 내가 의사가 되어야 한다고 말씀하셨어. 가끔씩 드는 생각인데, 지금 공부하는 많은 과목들도 의대에 입학하고 나면 인생에 별 도움이 안 될 것 같아. 이런 생각이 들면 정말 공부할 마음이 사라져. 성적이 잘 안 나올 때 이런 생각이 더 많이 나는 것 같아.

도담 | 나는 공부할 때 편식을 좀 하는 편이야. 옛날부터 좋아하는 과목은 열심히 했는데, 싫어하거나 따분한 과목은 공부를 안 했어. 요새는 한국사에 푹 빠져있어. 한국사와 관련된 콘텐츠를 만들어서 SNS에 올리기도 해. 구독자도 많이 늘어서 너무 행복해. 몇 년 전부터 한국사 선생님이 되고 싶다는 생각을 해. 학생부 종합 전형으로 ○○대학교 역사교육과에 지원하려 하는데, 한국사 말고는 내 성적이 조금 부족한 것 같아서 걱정이야.

새롬 | 고민해 봤는데, 나는 좋은 선생님이 되기 위해 공부하는 것 같아. 나는 초등학교 때부터 쭉 교사가 되고 싶었거든. 수학 교사가 되고 싶기 때문에 수학 공부를 특히 더 열심히 해. 수학을 좋아하기도 해서 학교에서 수학동아리 부장을 맡고 있어. 수학은 정말 흥미로운 학문인 것 같아. 수학을 공부할 땐 시간 가는 줄 모를 정도니까.

한솔이는 의사가 되기 위해 공부를 하는군요. 이는 전형적인 외재적 목적에 해당합니다. 외재적 목적은 목표 성취를 위한 강한 동기가 될 수 있습니다. 의사가 되고 싶은 마음을 강하게 품고 있어야 힘들어도 포기하지 않고 공부를 할 수 있지요. 하지만 한솔이처럼 교육의 외재적 목적만을 추구할 때에는 인격 성장이나 내적 성장을 이루기 어렵습니다. 학문 수양을 통한 즐거움도 경험할 수 없겠지요. 때로는 공부하는 것이 힘들고 고통스럽게 느껴질 수도 있습니다.

도담이는 한국사에 푹 빠진 '덕후'입니다. 당연히 교육의 내재적 목적을 중요시하고 있지요. 내재적 목적을 추구하면서, 도담이는 내적 성장을 이룰 수 있을 것입니다. 무엇보다 즐겁고 행복한 학창 시절을 보낼 수 있겠지요. 하지만 도담이는 한국사 선생님이 될 수 있을까요? 한국사 이외의 다른 과목 공부를 소홀히 하다가 자칫 사범대학교에 지원할 기회를 잃을 수도 있습니다. 과도하게 내재적 목적만을 추구하다 보면 사회나 현실과의 괴리가 나타나곤 합니다. 옛날 조선시대 몰락 양반들은 가족들이 굶주려도 내적 수양을 위해 사서삼경을 읽었다고 합니다. 현실과 너무 동떨어진 공부를 하는 것도 바람직하진 않군요.

새롬이는 내재적 목적과 외재적 목적 중 무엇을 추구하고 있을까요? 수학 교사가 되고 싶어 공부를 하는 점은 외재적 목적이라고 볼 수 있고, 수학 공부를 즐기는 것은 내재적 목적에 해당합니다. 내재적 목적과 외재적 목적이 적당히 균형을 이룰 때, 개인적인 자아실현과 내적 성장은 물론이고 사회 발전에도 기여할 수 있습니다. 자아실현과 관련해서, 이어지는 3장에서 좀 더 이야기해 보도록 하겠습니다.

앞서 선생님이 언급하셨던 트리나 폴러스의 동화 「꽃들에게 희망을」의 결말에 대해 이야기하고 2장을 마무리하겠습니다. 주인공인 호랑 애벌레는 결국 기둥의 꼭대기에 도착하지만, 그곳에는 아무것도 없었습니다. 또 다른 수천 개의 기둥과 이를 오르려 애쓰는 애벌레들이 보일 뿐이었죠. 정상을 포기하는 것은 쉽지 않았습니다만, 호랑 애벌레는 기둥에서 내려옵니다. 그는 다른 애벌레들과 다른 길을 가는 것에 덜컥 겁이 났습니다. 불안감 속에서 호랑 애벌레는 고치를 만들었습니다. 시간이 흐르고 고치에서 호랑나비가 나왔고, 호랑나비들이 짝을 지어 날아다니는 모습을 마지막으로 동화는 끝납니다.

여러분도 혹시 맹목적으로 애벌레 기둥을 오르고 있지는 않나요? 목표 없이 막연하게 친구들을 의식하여 학교와 학원을 쫓아다니지는 않나요? 오늘은 하던 일을 잠깐 멈추고, 2장의 내용을 바탕으로 '내가 공부를 하는 진정한 목적'에 대해서 깊이 생각해 보면 좋겠습니다. 명확한 목적이 없었다면 바로 오늘 목적을 설정해봅시다. 이왕이면 내재적 목적과 외재적 목적이 적당히 균형 잡힌 목적을 세워 보는 것이 좋겠습니다.

이런 면접 어때요?

※ 다음 제시문을 읽고 면접 문항에 답하라(예상 소요 시간 : 15분)

교사를 꿈꾸는 학생들은 자신이 미래에 어떤 교사가 되기를 꿈꾸는지, 어떻게 교육을 할 것이며 어떤 관점에서 학생들에게 접근하고 그들과 의사소통 할 것인지에 대해 고민하여 자신만의 교육철학을 정립하는 것이 중요하다. 교사라는 직업을 바라보고 이해하는 관점을 교직관이라고 한다. 교사는 다른 직업들과 비교할 때 매우 독특한 특징을 가지기에, 다양한 관점에서 교직을 해석하고 바람직한 교직관을 가지는 것이 매우 중요하다. 일반적으로 교직관을 다음과 같이 나눌 수 있다. 교직을 세속적인 다른 직업과 구분하여 성직으로 보는 성직관, 노동의 대가로 보수를 받고 생계를 유지한다는 관점의 노동직관, 고도의 전문적인 지식과 기술을 가지고 활동한다는 관점의 전문직관이 그것이다. 교직은 성직자나 노동자, 전문직 종사자와도 구별되는 독특한 특징을 가진다. 교육기관이라는 근무지와 미성숙한 아동들을 다룬다는 특성에 따라, 교직은 다른 직업보다 훨씬 더 높은 수준의 (   )을(를) 요구한다.

01. 위의 괄호 안에 들어갈 수 있는 내용을 두 가지 제시하고, 그 이유를 설명하시오.
02. 1번 문항에서 제시한 내용 중 하나를 선택하여 이를 함양하기 위해 본인이 한 노력과 그것을 통해서 얻은 것이 무엇인지를 학교생활 경험을 근거로 구체적으로 설명하시오.

생각 보태기

지원 학생이 중요하게 여기는 교사의 역량과 교육철학 및 교직관을 물어보는 면접 문항입니다. 정답이 정해져 있지 않기 때문에 자유롭게 자신의 생각을 밝히고 적절한 근거를 제시한다면 훌륭한 답변이 될 수 있습니다. 교사로서 갖추어야 할 덕목은 매우 다양하지만 인성 등의 정의적 측면에서 접근하는 것이 답변하기 수월할 수 있습니다.

학교 안팎에서 경험한 다양한 교과 및 비(非) 교과 활동을 되짚어보며, 자신이 선택한 역량과 어떤 연관성이 있는지 살펴보고 해석하는 능력이 필요합니다. 동아리활동, 봉사활동, 자율활동, 진로활동이나 독서활동 등에서 자신이 한 활동을 되돌아보고, 교육적으로 어떤 의미가 있었는지 생각해 볼 수 있습니다.

답변 도우미

01. 저는 괄호 안에 들어갈 단어가 '도덕성'과 '공감 능력'이라고 생각합니다. 먼저 도덕성에 대해 설명하겠습니다. 교사는 다른 직업과는 달리 어린 학생들과 많은 상호작용을 합니다. 학생들은 미성숙한 아동이며, 도덕 관념이 완성되지 않은 불완전한 상태입니다. 학교에서 선생님과 상호작용하는 과정에서 학생들은 교사의 말과 행동에 큰 영향을 받게 되며, 상당 부분에서 모방학습(modeling, 모델링)이 일어나기도 합니다. 그러므로, 학생들의 바람직한 도덕성 형성을 위해서 교사는 모범이 될 수 있는 훌륭한 도덕성을 갖추어야합니다. 두 번째로, 교사는 공감 능력을 갖추어야 한다고 생각합니다. 일반적으로 학교에서 교사와 학생은 작게는 10년, 많게는 30년이 넘게 나이 차가 나는데, 성인인 교사가 학생들의 문화를 이해하고 공감하는 것을 게을리하면 학생들과의 심리적 간극이 생길 수 있습니다. 또한 청소년들은 또래문화를 중시하기 때문에 동료들과 같은 문화를 공유하면서 동질성과 유대감을 느낍니다. 교사가 적극적으로 학생들과 공감할 때 학생들은 선생님의 말씀을 더욱 경청하고 수업에 열심히 임할 수 있을 것입니다. 저는 이런 이유로 교직이 다른 직업보다 높은 수준의 도덕성과 공감 능력을 요구한다고 생각합니다.

02. 저는 공감 능력을 기르기 위해 학교 안팎에서 많은 사람들을 만나고 그들과 대화하며 다양한 경험을 쌓았습니다. 학생자치회 ○○부장으로 활동하며 학생들의 학교생활에 대한 불만사항을 접수하고 이를 개선하기 위해 학교 3주체인 선생님, 학생, 학부모님 대표와의 간담회에서 학생들의 요구사항을 건의하였으며, 어른들과의 대화를 통해 선생님 및 학부모님들의 입장을 이해하고 공감할 수 있었습니다. 또한 멘토-멘티 활동과 또래상담 활동을 통해 학습이나 학교 생활 적응에 어려움을 겪는 친구들과 많은 대화를 나누고 그들의 고민을 경청하였으며 해결책을 함께 모색해 보았습니다. 학교 밖에서는 2년 동안 월 1회 정기적으로 장애인 보호시설에서 봉사활동을 하였습니다. 중증 장애인들과는 대화로 소통하기 어려웠지만 그분들의 생활을 보조하고 청소나 식사보조를 하면서 장애인들이 사회적으로 소외되었으며 더 많은 도움이 필요하다는 생각을 하였습니다.

교육과 자아실현

3장
교육의 가치

"한의대에 합격하고도 입학 등록을 하지 않은 할아버지의 이야기? 이게 뭐지?"

승준이는 입시 관련 정보를 검색하던 중에 홀린 듯이 인기 글을 클릭하였습니다. 그 글은 유명한 수능 1타 강사가 수강생들에게 들려준 이야기를 각색한 것이었습니다. 글의 내용은 대충 이러했습니다.

"… 한 할아버지가 이른 새벽 학원에 와, 손자뻘 되는 학생들과 함께 수업을 들었다. 강사는 '며칠 저러시다 말겠지'라고 대수롭지 않게 생각했다. 하지만 몇 달이 지나도록 할아버지의 새벽 등원은 계속되었습니다. 하루는 강사가 할아버지에게 '왜 수업을 들으시냐'고 물어봤더니, 그 할아버지는 '한의대에 합격하고 싶어서 공부 한다'고 답하였다. 결국 할아버지는 한의대에 합격하였다. 더 놀라운 사실은, 할아버지가 다른 학생들을 위해 입학 등록을 하지 않았다는 것이다…"

"와, 대박! 소름 돋았잖아. 이거 진짜야? 근데 왜 입학 등록을 안 하셨지?"

승준이는 소름이 돋은 팔을 쓸어내리며 댓글을 읽었습니다.

"할아버지는 공부 그 자체를 통해 자기 인생의 목적을 달성하고 싶으셨던 것이다. 한의대에 다니고 말고는 아무런 문제가 되지 않는다. 할아버지의 진심을 잠시나마 의심했던 나를 반성한다."

승준이는 댓글에 공감을 꾹 눌렀습니다. 승준이 또한 기사를 읽고 할아버지의 진심을 의심했기 때문입니다. 승준이는 컴퓨터 게임만 하던 지난날들을 되돌아보았습니다.

"난 엄마한테 잔소리 듣는게 싫어서 공부하는데 이게 내 적성에는 맞지 않는 것 같아. 나는 장래에 무엇을 해야 할까? 초등학생 때는 대통령이 되겠다고 했는데 지금은 아무 생각이 없는걸. 저 할아버지는 뒤늦게라도 꿈을 이루셨는데, 난 이러다가 평생 꿈도 못 찾는 것 아니야? 아니면 이참에 확 프로게이머나 해봐?"

승준이뿐만 아니라 수많은 학생들이 불확실한 미래와 진로에 대한 스트레스로 밤을 지새우고 있습니다. 앞서 2장에서, 우리는 교육의 의미와 목적에 대해 알아보았습니다. 3장에서는 더 나아가 교육을 통해 이루어야 할 궁극적인 가치에 대해서 이야기 해보겠습니다.

사람이 무언가를 필요로 할 때, 이를 얻기 위해 긴장하게 되는 과정을 **욕구**need라고 합니다. 미국의 심리학자 **매슬로우**Maslow는 사람의 욕구를 분석하고 분류하였습니다. 그는 사람에게 다섯 가지 종류의 욕구가 있다고 주장하였습니다. 다음 그림을 한번 살펴보겠습니다.

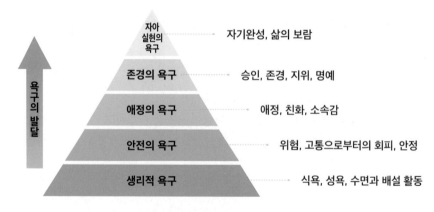

▲ 매슬로의 욕구 5단계

마치 이집트의 피라미드를 연상시키는 삼각형입니다. 보시다시피, 욕구의 피라미드는 층 별로 나누어져 있고, 서로 다른 욕구가 한 개 층씩 자리 잡고 있습니다. 이처럼 욕구는 가장 기본적인 1층의 생리적 욕구부터, 5층 꼭대기인 자아실현의 욕구로 단계가 나누어져 있습니다. 1층을 거치지 않고서 바로 2층으로 갈 수 없겠죠? 마찬가지로 생리적 욕구가 충족되지 않으면 안전의 욕구는 나타나지 않습니다. 이를 조금 어려운 말로 욕구가 **위계**hierarchy, 수직적·계층적 구조를 나타낸다고 말합니다.

매슬로우는 1~2단계 욕구와 3~5단계 욕구의 성격이 다르다고 말했습니다. 1~2단계의 욕구는 **결핍 욕구**deficiency need라고 합니다. 결핍의 욕구는 식욕, 안전 등 기초적인 욕구이며, 한번 욕구가 채워지면 더 이상 욕구로서 작용하지 않습니다. 배불리 먹은 후 한동안 음식을 찾지 않는 것처럼 말이죠. 이와 달리 3~5단계의 욕구는 **성장 욕구**meta need로 불리며, 잠재력을 실현하려는 고차원적인 욕구입니다. 성장 욕구는 결핍 욕구가 충족되어야 나타날 수 있으며 성장 욕구를 충족해야지만 인간이 심리적인 건강을 유지하고 성장할 수 있습니다.

서론의 이야기를 다시 한번 살펴보겠습니다. 고령의 할아버지는 어떻게 한의대에 합격할 수 있었을까요? 그것은 바로 자아실현의 욕구가 강했기 때문입니다. 할아버지는 학창 시절 개인적인 사정으로 공부하지 못했던 것을 한(恨)으로 여겼습니다. 할아버지는 늦게나마 '공부하고 싶은 욕구'를 자아실현의 욕구로 승화하여 한의대에 합격할 수 있었습니다. 할아버지는 한의대에 합격한 후 만족하였을까요? 아마 지금쯤 또 다른 인생 목표를 이루기 위해 노력하고 있을 것 같습니다.

우리는 자아실현의 욕구를 이루는 자기완성의 결정체

그렇다면 승준이의 고민에 대해 같이 생각해 봅시다. 이런 고민이 비단 승준이만의 것은 아닐 것입니다. 승준이는 왜 공부하는 것을 싫어할까요? 그것은 승준이가 공부를 해야 한다는 욕구나 동기가 없기 때문입니다. 현재 승준이는 엄마의 잔소리를 듣지 않기 위해 공부 합니다. 이는 매슬로우의 욕구 3단계인 애정의 욕구에 해당합니다. 승준이는 어머니와 좋은 관계를 유지하고 싶은 욕구가 있으며, 이를 충족시키기 위해 억지로 공부를 하고 있는 것입니다. 이번에는 공부 대신에, 승준이가 좋아하는 컴퓨터 게임을 욕구이론에 적용해보겠습니다. 게임을 좋아하는 승준이가 친구들에게 높은 랭킹과 실력을 자랑하기 위해서 게임을 더 열심히 할 수 있습니다. 이것은 존경의 욕구입니다. 더 나아가 게임을 체계적으로 연습하고 전술을 공부하여 세계 최고 수준의 프로게이머가 되기를 희망한다면 이는 자아실현의 욕구에 해당한다고 볼 수 있습니다.

많은 학생들이 자아실현을 이루기 위해 고민하고, 이로 인해 진로 희망이 해마다 바뀌기도 합니다. 학생생활기록부에서 진로희망이 바뀌면 불이익을 받지 않을지 걱정하는 학생들도 있습니다. 하지만 이것은 지극히 정상적이며 또 바람직한 현상입니다. 교육학자 **긴즈버그**Ginzberg는 진로 탐색의 과정을 다음과 같이 설명하였습니다.

"개인의 진로 선택은 한 번에 이루어지는 것이 아니라 상당한 기간에 걸쳐 이루어지는 일련의 과정입니다. 또한 이러한 발달 과정의 모든 선택은 적성, 흥미, 능력, 가치관 및 성격 등의 개인 내적인 요인과 외부의 현실적인 요인을 고려한 타협의 결과로 볼 수 있지요. 진로발달은 크게 세 단계로 이루어지는데요, 10세 이전에 막연하게 생각하는 '환상적 선택단계,' 11세부터 17세까지에 이루어지는 '시도적 선택단계,' 그리고 18세 이후의 '현실적 선택단계'로 구분됩니다."

▲ 긴즈버그

긴즈버그에 따르면 승준이는 이전에 대통령이 되겠다고 다짐했던 **환상적 선택단계**에서 벗어나, **시도적 선택단계**에 접어들었습니다. 자신이 좋아하고 잘하는 일(게임)을 발견하고 직업군의 보수와 교육, 훈련에 대해서 알아볼 수 있지요. 나중엔 전문적인 훈련을 받거나 세밀한 계획을 세우고 실천하는 **현실적 선택단계**로 진입할 것입니다.

• ◎ •

여러분은 어떤 인생을 살고 싶나요? 여러분이 꿈꾸는 인생을 위해 무슨 노력을 하고 있나요? 진로를 찾기 위해서는 많은 노력과 관심이 필요합니다. 자신이 무엇을 좋아하는지, 무엇을 잘 하는지, 어떻게 자신의 인생을 멋지게 완성시키고 싶은지에 대한 충분한 고민을 거듭해야 합니다. 이 과정을 통해 여러분들이 자아실현의 욕구를 이루는 자기완성의 결정체가 되길 바랍니다.

이런 면접 어때요?

※ 다음 제시문을 읽고 면접 문항에 답하라(예상 소요 시간 : 10분)

　　자유학기제는 중학교 때 한 학기 동안 시험을 치르지 않고, 170시간 이상의 진로탐색교육을 받는 제도이다. 2013년 자유학기제의 시범 운영 이후 중학교에서 자유학기제가 전면 시행된 지 수년이 지났다. 자유학기제는 학생들에게 학업의 부담과 경쟁 없이 다양한 체험과 진로 탐색 기회를 제공하는 과정이지만, 그 실효성에 대해서는 의견이 분분하다. 자유학기제에 대한 부정적인 의견은 '자유학기제가 실제 진로 탐색에 큰 도움이 되지 않으며, 자유학기제 운영으로 인한 학습공백으로 기초학력이 저하될 수 있다'는 것이다. 자유학기제에 부정적인 일부 학생과 학부모의 바람과는 달리, 자유학기제를 필두로 하는 학교 진로 탐색 교육은 더욱 강화될 전망이다. 관련법의 개정으로 자유학년제가 도입되었고 전국의 중학교 10곳 중 9곳 이상에서 자유학년제를 운영중이다. 교육부에서는 더 나아가 고등학교 1학년 학생을 대상으로 자유학기제와 연계한 진로 교육 집중 학년제를 시범 실시하기로 하였다. 교육부는 중학교의 자유학기제와 연계하여 고등학생들의 '개인 진로 디자인 역량 강화'를 꿈꾸지만 진로 교육 집중 학년제에서 자유학기제의 한계점이 개선될 수 있을지는 미지수이다. 교육부와 학생·학부모의 동상이몽은 계속되고 있다.

01. 자유학기제 실행 시 예상되는 문제점과 이를 보완할 방법을 설명하시오.
02. 제시문의 '개인 진로 디자인 역량 강화'가 무엇인지 설명하시오.

생각 보태기

초·중학교의 자유학기제(자유학년제) 및 고등학교의 진로 교육에 대한 이해도를 평가하는 면접 문항입니다. 자유학기제는 2016년부터 학생들의 진로 탐색을 위해 중학교에서 전면 시행되었습니다. 한 학기(또는 2학기) 동안 기존의 지식 전달 및 강의식 수업에서 벗어나 다양한 진로체험 등의 체험중심 교육을 지향합니다. 자유학기제 뿐만 아니라, 2015 개정교육과정에서는 학생들의 적극적인 진로탐색을 위해 학생의 과목 선택권을 강화하였으며, 학생들이 자기주도적으로 진로설계를 할 수 있도록 적극 지원합니다. 자유학기제 시행 시 학습공백이 발생할 수 있으므로 이에 대해서 어떻게 보완할 것인지 대안을 제시할 수 있습니다.

답변 도우미

01. 자유학기제는 학생들의 진로탐색을 위해 진로체험 등의 다양한 체험중심 교육을 실시하는 제도입니다. 자유학기제 기간 동안 학교는 학생들의 학업 부담을 경감하기 위해 지필고사를 실시하지 않고 수행평가 등의 과정중심 평가가 이루어지며, 교과성적은 고등학교 입시에 반영되지 않습니다. 자유학기제에 대한 우려와 문제점으로 크게 세 가지를 언급할 수 있습니다. 첫째, 대부분의 학교에서 중학교 1학년에 자유학기제를 실시하는데 발달수준을 고려할 때 너무 이르다는 시각입니다. 둘째, 교과성적 미반영으로 학력저하와 사교육비 지출 증가가 우려된다는 시각입니다. 셋째, 중학교 교육과정이 자유학기제로 인해 단절될 수 있다는 우려입니다. 이에 대한 보완을 위해, 1학년에 집중된 자유학년제를 한 학기씩 분리하여 중학교 1학년 1학기에 자유학기, 중학교 3학년 2학기에 진로집중학기로 나누어 학생들이 준비되었을 때 진로 탐색을 도울 수 있습니다. 학력저하를 막기 위해서 학교에서는 맞춤형 학력 향상 프로그램, 기초학력 신장 프로그램을 운영하고 자유학기제 기간 동안 자기주도적 학습역량을 신장할 수 있도록 활동중심교육과 학습자 중심 교육과정을 운영해야 할 것입니다. 수학과 영어 등의 기초과목에 기초학력 결손을 막기 위해 협력교사를 배치하여 한 교실에 두명 이상의 선생님이 수업을 진행한다면 학생들의 기초학력 신장에 도움이 될 것입니다. 마지막으로 교육과정의 연속성을 위해서는 이미 언급한 바와 같이 자유학년제를 1학년 초와 3학년 말에 나누어 실시하는 것으로 해결할 수 있을 것입니다.

02. 중학교에서 다양한 경험을 통해 진로탐색을 했다면, 고등학교에서는 자신이 희망하는 진로에 따라 과목을 고르고 자신만의 교육과정을 설계하여 진로 맞춤형 교육을 받을 수 있습니다. 자신만의 교육과정을 설계하는데 필요한 것이 바로 '진로 디자인 역량'입니다. 고등학교 진로 교육의 목표로서 '개인 진로 디자인 역량 강화'가 제시되고 있습니다. '개인 진로 디자인 역량강화'란, 학생 개개인이 스스로 자신의 진로를 설계할 역량을 키우는 것을 의미합니다. 2015 개정교육과정에서는 고등학생들이 스스로 진로를 탐색하고 설계할 역량을 길러주기 위해 학생 활동중심 교육과정을 도입하였습니다. 강의식 수업 대신 활동식 수업과 과정중심 평가 등으로 학생들이 수업에 적극적으로 참여하도록 하여, 스스로 진로를 탐색할 역량을 길러주는 것입니다.

선생님이 들려주는 교육학 이야기

세상을 아는 지혜

교육학
끝판왕

02

공교육의 미래

학교와 전인교육

4장
공교육의 의미

쉬는 시간을 알리는 종이 울립니다. 보람이는 서랍에서 따끈따끈한 학교 신문을 꺼내었습니다. 손가락에 침을 바르고는, 무언가를 찾는 듯이 신문을 넘기기 시작합니다. 아, 보람이는 '학생회 설문조사' 코너를 찾고 있었군요. 평소 학생회에서 다양한 주제로 학생들에게 설문조사를 하고 상품을 주는데, 이번 상품은 보람이가 갖고 싶어 하던 블루투스 스피커였습니다. 보람이도 물론 잊지 않고 설문에 응답했습니다. 이번 설문조사의 주제는 '내가 학교에 가는 이유'였습니다. 블루투스 스피커 당첨자와 설문 결과를 보는 보람이는 적잖이 당황했습니다. 학생들이 가장 많이 선택한 응답이 '점심 먹으러 학교에 간다'이었기 때문입니다. 그때 뒤에서 승준이가 다가옵니다.

"이보람, 뭐 보냐? 재밌는 거 있어?"

"응, 학교 신문. 설문조사 보고 있었어."

"봐봐, 나도 응답했는데 블루투스 스피커 누가 받아? 아, 또 떨어졌네."

"그런데 이거 봐. 설문조사 1위가 '점심 먹으러 학교에 간다'야. 아무리 그래도 이거 실화냐?"

"뭐 그럴 만도 하네. 아 맞다, 진짜 이유 따로 있어. 뭔 줄 알아? 바로 급식 빨리 먹고 애들이랑 축구하는 거."

"뭐야!"

보람이는 달려가는 승준이의 뒷모습을 향해 야유를 보냈지만, 한편으로는 설문조사의 결과가 이해되어 씁쓸한 느낌을 지울 수 없었습니다.

학교 안에는 각자 다른 생김새만큼이나 다양한 성향의 학생들이 있습니다. 같은 교실 안에서도 모두가 다른 꿈을 가지고 있지요. 하지만 일부 학생들은 학교에서 보내는 시간이 무의미하다고 생각합니다. 이런 학생들 중 일부는 학업을 그만두기도 하지요. 여러분이 교사가 된다면, 이런 학생들에게 어떤 조언을 해줄 수 있을까요? 4장에서는 '점심을 먹으러 학교에 오는 학생들'에게 교사로서 어떤 조언을 해줄 수 있는지, 학교의 의미가 무엇인지에 대해 이야기해 보겠습니다.

학교는 작은 사회다

학교에 오는 것이 무의미하다고 말하는 학생들이 있습니다. 이들은 수학이나 영어가 자신의 꿈을 이루는 데 필요하지 않으며, 차라리 학교를 다닐 시간에 아르바이트를 하는 편이 낫다고 이야기합니다. 하지만 이 학생들이 간과하는 것이 있습니다. 학교에서는 교과 지식뿐만 아니라 다른 중요한 가치도 배울 수 있다는 점입니다. 우리는 작게는 가족, 크게는 대한민국이라는 여러 공동체의 구성원으로 살아가고 있습니다. 다른 사람들과 상호작용 없이 사는 것은 불가능하기에 우리는 '함께 사는 방법'을 배워야 합니다. 공동체 생활을 하기 위해서 더불어 살아가는데 필요한 지식, 예절, 관습, 문화 등에 대해 아는 것이 필수적입니다. 인간이 사회의 한 성원이 되는 과정을 **사회화**socialization라고 합니다. 학교는 또래 친구들과 함께 어울리며 사회화가 이루어질 수 있는 최적의 장소입니다. 우리는 친구들과 다투고 화해하며 대인관계 능력과 의사소통 능력을 기를 수 있고, 학교 규칙을 따르며 공동체 생활에 필수적인 준법정신과 공동체 역량을 기를 수 있습니다. 승준이의 경우, 친구들과 축구를 할 때 축구 규칙을 지키며 자연스레 준법의식을 기를 수 있습니다. 또한 친구들과 상호작용하면서 대인관계 능력도 키울 수 있을 것입니다. 학교를 다니지 않는다면 이런 역량들을 체계적인 교육환경 속에서 배우기 힘들 것입니다.

학교와 학원을 단순하게 비교하는 학생들이 있습니다. 이들은 학교가 너무 비효율적이라고 생각하기도 합니다. 수행평가를 준비할 시간에, 교과 공부를 더 하는 것이 수능 점수를 올리는 데 도움이 된다는 식입니다. 하지만 학교와 학원은 근본적으로 다른 목적을 가지고 있습니다. 학원이 교과학습을 통한 성적 향상에 주안점을 둔다면, 학교는 교과학습뿐만 아니라 지덕체의 균형 잡힌 발달을 도모하는 종합 교육기관입니다. 학교 교육의 성격을 알아보기 위해서, 교육기본법을 살펴보겠습니다.

교육기본법 제2조(교육이념)

교육은 홍익인간(弘益人間)의 이념 아래 모든 국민으로 하여금 인격을 도야하고 자주적 생활능력과 민주시민으로서 필요한 자질을 갖추게 함으로써 인간다운 삶을 영위하게 하고 민주국가의 발전과 인류공영(人類共榮)의 이상을 실현하는 데에 이바지하게 함을 목적으로 한다.

......

교육기본법 제9조(학교교육)

③ 학교교육은 학생의 창의력 계발 및 인성(人性)함양을 포함한 전인적(全人的)교육을 중시하여 이루어져야 한다.

교육기본법 제2조에 우리나라 공교육의 교육 이념이 잘 나타나 있습니다. 교육을 통해 필요한 지식과 능력을 얻고 국가와 인류의 발전에 기여하여 홍익인간을 실천하라, 즉 이타적으로 살라는 것입니다. 공교육의 이념은 '뛰어난 학업능력'이 아니라 '이타적인 인간'입니다. 수월성(excellence)과 성적만을 앞세운 교과 중심 교육은 많은 부작용을 가져올 수 있습니다. 이기주의와 무관심, 학교폭력 방관, 입시비리, 높은 청소년 자살률이 그것입니다. 어떻게 하면 교육을 통해 이타적인 인간을 길러낼 수 있을까요? 교육기본법 제9조에 그 답이 있습니다. 교육기본법 제9조는 학교 교육이 전인적 교육을 중시하여 이루어져한다고 말합니다. 전인교육은 대체 무엇일까요?

'엄친아'라는 말을 들어보았나요? 웹툰에서 만들어진 유행어 '엄친아'는 '엄마 친구의 아들', 즉 '어느 것 하나 빠지는 것 없이 다재다능한 사람'을 뜻합니다. 교육기본법에서 말하는 전인적 교육도 이와 비슷합니다. 예로부터 우리나라는 육예(六藝: 예법, 악학, 궁술, 마술, 서도, 수학)를 두루 갖춘 사람을 이상적으로 여겼습니다. 우리나라나 중국 같은 한자문화권 국가 뿐만 아니라, 동서고금을 망라하고 교육은 모두 **지덕체**智德體: 지육, 덕육, 체육의 균형 잡힌 발전을 강조하였습니다. 2015 개정 교육과정 역시 지덕체에 해당하는 6가지 핵심 역량의 함양을 통한 완전한 사람의 양성, **전인교육**whole person education을 지향합니다. 그렇다면 학교에서는 교과영역 외에 어떤 활동을 통해서 전인교육을 실시하고 있을까요?

학교 교육의 목적

학생들은 학교에서 다양한 활동에 참여하며 핵심 역량을 기를 수 있습니다. 교과 수업 외에 학교에서 제공하는 다양한 활동을 **비**非**교과 활동**이라고 합니다. 다음은 비교과 활동의 대표적인 예입니다. 표에 나온 활동 외에도 학교별로 다양한 특색 활동을 운영하고 있으니 담임선생님께 문의해보세요.

학급 특색 활동	학급 조직도, 1인 1역 등 담임선생님의 지도에 따라 다양한 활동에 참여할 수 있음.
동아리 활동	창의적 체험활동 동아리 및 자율 동아리 활동을 통해 진로와 적성, 취미에 맞는 다양한 활동을 경험할 수 있음. 또한 선·후배와 대화하며 의사소통 역량을 기를 수 있음.

봉사 활동	수능 고사장 청소, 환경미화, 헌혈 등 여러 가지 단체 봉사활동에 참여하며 공동체 역량을 기를 수 있음.
진로 활동	진로 선생님과의 상담 및 다양한 진로 활동을 통해 자신의 적성과 이에 알맞은 진로·진학 정보를 얻을 수 있음. 진로탐색과정에서 자기관리 역량을 기를 수 있음.
학생회 활동	다양한 학생 자치활동을 통해 창의적 사고 역량을 기를 수 있음.
다양한 검사	정서행동 특성검사, 종합 적성검사, 다면적 진로탐색검사 등 학교에서 기본적으로 이루어지는 다양한 검사 활동에 참여할 수 있음.

▲ 다양한 비교과 활동의 예시

20여 년 전 교육부는 '한 가지만 잘해도 대학에 갈 수 있다'는 교육 슬로건을 제시하였습니다. 하지만 「폴리매스」의 저자 와카스 아메드는 '현 시대에 한가지 우물만 파면 생존 자체가 어려워질 것이다'라고 말합니다. 여러분이 첫 취업을 할 때의 나이는 30세 전후입니다. 지금 유망한 직종이 10년 후에도 유망할지는 아무도 알 수 없습니다. 빠르게 변화하는 사회가 요구하는 인재는 '한 가지 특기를 가진 사람'이 아니라 '전인적 역량을 갖춘 사람'입니다. 여러분도 학교에서 다양한 비교과 활동을 통해 미래사회가 요구하는 팔방미인이 될 수 있기를 바랍니다.

이런 면접 어때요?

※ 다음 제시문을 읽고 면접 문항에 답하라(예상 소요 시간 : 10분)

　　경제협력개발기구(OECD) 회원국 가운데 한국 어린이와 청소년들이 스스로 가장 행복하지 않다고 생각하고 있는 것으로 나타났다. A대학 사회발전연구소 B교수팀이 발표한 '2016 제8차 어린이·청소년 행복지수 국제비교 연구' 보고서에 따르면 한국 어린이의 주관적 행복지수는 82점으로 조사 대상인 OECD 회원국 22개국 중 가장 낮았다. 주관적 행복지수는 스스로 생각하는 행복의 정도를 OECD 평균(100점)과 비교해 점수화한 것이다.

　　주관적 행복지수가 가장 높은 나라는 스페인으로 118점이었으며, 오스트리아와 스위스가 113점으로 그 다음이었다. 이어 덴마크와 네덜란드가 109점이었으며, 아일랜드(108점), 스웨덴(107점), 노르웨이·이탈리아·그리스(이상 105점) 순이었다.

　　조사 결과 행복을 위해 필요한 것으로는 연령대가 낮을수록 '화목한 가족'을 꼽은 경우가 많았지만, 고등학교 2학년 이상은 '돈'을 꼽는 비율이 높았다. 초등학교 4학년의 37%가 화목한 가족을 선택해 돈(4%)보다 훨씬 높았지만, 고등학교 1학년은 화목한 가족과 돈을 선택한 비율이 각각 21%와 20%로 비슷했다. 이후 고등학교 2학년에서 17%(가족), 21%(돈)로 역전되었으며, 고등학교 3학년 학생에게서는 17%(가족), 24%(돈)로 격차가 커졌다.

　　아동 청소년의 삶의 만족도에는 성적이나 집안의 경제 수준보다는 부모와의 관계가 더 중요하게 영향을 미쳤다. 부모와 관계가 좋은 경우에는 성적이나 경제 수준과 관계없이 행복감이 큰 것으로 조사됐다. 예를 들어 성적이 똑같이 '중(中)'일 때 아버지와 관계가 좋지 않으면 47.7%가 삶에 만족했지만, 아버지와 관계가 좋은 경우 75.6%가 삶에 만족하다고 답했다. 경제 수준이 '상(上)'일 때 어머니와의 관계가 좋지 않으면 49%만 삶에 만족해했지만, 어머니와의 관계가 좋으면 81%가 만족감을 표했다.

01. 우리나라 학생의 행복지수가 낮은 이유를 분석하고, 학생들이 행복해지기 위한 학교와 정부의 방안을 제시하시오.

생각 보태기

　행복의 정의는 주관적인 안녕감(well-being)입니다. 우리나라 학생들의 행복지수가 낮은 이유를 먼저 파악한 뒤, 학교가 할 수 있는 적절하고 실현 가능한 구체적 대책을 제시한다면 훌륭한 답변이 될 수 있습니다. 정답이 정해져 있다기보다는 학생 개개인의 가치관과 관심분야에 따라 다양하게 답변할 수 있습니다.

답변 도우미

　한국 청소년의 주관적 행복지수는 OECD회원국 중 최하위 수준입니다. 학생들이 행복을 위해 필요한 것으로 '돈'을 꼽는 비율이 상당히 높았으며, 상위학년으로 갈수록 그 비율은 점점 증가하였습니다. 왜 학생들이 돈을 원하는 지를 알아야 근본적인 해결책을 찾을 수 있습니다. 우리나라는 좁은 영토와 높은 인구밀도로 인해 한정된 재화에 대한 경쟁이 치열할 수밖에 없습니다. 높은 수입을 얻을 수 있는 인기 직업을 얻을 기회는 매우 제한적이고 이를 얻기 위해 경쟁적으로 공부하면서 과도한 교육열 문제가 발생합니다. 우리나라의 학생들은 항상 공부하고 경쟁해야 합니다. 과도한 교육열과 학력 인플레이션은 사교육비 등의 불필요한 사회적 지출을 발생시키기도 합니다. 학생들의 주관적 행복을 위해, 학교와 정부는 크게 두 가지 방법을 시행할 수 있습니다. 첫째는 진로의 다양화입니다. 많이 개선되고 있지만 여전히 특성화 고등학교의 확대와 다양화, 일반계 고등학교의 진로교육 내실화가 필요합니다. 대학교에 진학할 의사가 없음에도 불구하고 적절한 진로교육이나 정보를 얻지 못하여 일반계 고등학교에 다니는 학생들이 많습니다. 이 학생들이 적합한 특성화 고등학교에 진학할 수 있도록 중학교에서의 진로탐색도 강화해야 할 것입니다. 또한 미래 직업환경의 변화에 대응하여 필수 역량을 강화하는 교육도 필요할 것입니다. 일반계 고등학교에서는 고교학점제의 전면 시행과 선택과목 확장을 통해 학생들이 원하는 진로에 적합한 수업을 들을 수 있도록 지원해야 할 것입니다. 둘째, 학생들의 행복을 위해 과도한 학업 부담을 완화해주어야 합니다. 이런 면에서, 대학수학능력시험에서 영어와 한국사의 절대평가 실시는 바람직하다고 볼 수 있습니다. 이전까지 수능 영어영역은 언어능력을 측정한다기보다는 어려운 어휘와 논리력을 측정하는 시험에 가까웠습니다. 하지만 절대평가 실시로 인해 학생들의 학업 부담을 완화할 수 있었고 외국어 의사소통 능력이라는 진정한 교육 목표에 부합하는 평가를 할 수 있었습니다. 수능 절대평가 과목의 확대 등 다양한 방법으로 학생들의 학업 부담을 완화하는 것이 필요합니다.

학교가 달라진다

5장
진화하는 공교육

성적표를 받아든 종현이의 얼굴이 점점 어두워집니다. 기말고사를 망치긴 했지만 예상했던 것보다 내신이 한 등급씩 더 떨어졌기 때문입니다. 부모님께 성적표를 보여 드려야 한다는 생각에 마음이 무거워집니다. 집으로 가는 길에 친구가 와플을 사주었지만 종현이는 와플의 단맛을 느낄 수 없습니다. 할 수 있다면 다시 학기 초로 돌아가고 싶은 마음뿐입니다.

"종현아, 힘내! 와플은 따뜻할 때 먹어야 맛있어."
"어떡하지? 이러다 정시 준비해야겠어."
"벌써 내신 포기야? 그 정도면 아직 포기하기는 아까운데?"
"애매하게 됐어. 진짜 학기 초로 돌아가고 싶다."
"나는 중간고사부터 이미 말아먹었어. 어떡해야 할지 모르겠다. 참, 너네 사촌 형은 옛날에 자퇴했다고 하지 않았냐? 나도 확 자퇴해 버릴까 봐."

종현이의 사촌 형은 몇 년 전 고등학교를 자퇴했습니다. 내신 성적이 만족스럽지 않았고 수능 준비에 더 매진할 수 있다는 이유에서였습니다. 사촌 형은 기숙 학원을 다니고 있다고 들었는데 재수에 실패한 이후에는 명절에도 얼굴을 보기가 쉽지 않습니다.

"자퇴는 좀 아닌 것 같은데…. 그래도 학교는 다녀야겠지?"

많은 학생들이 한 번쯤 종현이와 같은 상상을 해 보았을 것입니다. 역설적이게도,

우리 주변에는 '공부를 하기 위해 학교를 그만두는' 학생들이 종종 있습니다. 학교에서는 잠을 자고 학원에서 밤늦도록 공부하는 학생들도 어렵지 않게 볼 수 있지요. 학교는 학생들의 요구를 왜 충족시켜주지 못하는 것일까요? 5장에서는 공교육의 위기가 무엇이며, 공교육이 어떻게 진화하는지에 대해서 이야기해 보도록 하겠습니다.

공교육의 위기

'공교육의 위기'라는 말은 1990년대 말 처음 방송에 등장하였습니다. 이는 자퇴, 수업 거부, 교권침해, 따돌림과 학교폭력, 학력 격차 등 학교 안팎에서 발생하는 다양한 문제점들을 포괄적으로 지칭하는 표현이었습니다. 교육계의 노력으로 상당수의 문제는 개선되었지만 '사교육 시장 과열과 공교육의 외면'은 오히려 악화되고 있습니다. 2019년 우리나라의 사교육비 지출은 20조원 가량으로, 10년 만에 최대치를 기록하였습니다. OECD 가입국 중 GDP 대비 사교육비 지출에서 한국이 상위권인 것도 어찌 보면 당연한 일입니다. 조사에 따르면, 고소득층과 저소득층의 사교육비 지출 격차는 최대 9배가량 벌어졌다고 합니다. 사교육의 과열은 필연적으로 교육 불평등을 비롯한 많은 사회적 문제를 야기합니다. 사교육 시장 과열의 원인은 다양하고 복합적이기 때문에 쉽게 설명할 수도, 해결하기도 어렵습니다. 하지만 학교가 교육기관으로서 본질적인 기능을 수행하고, 양질의 교육 서비스를 제공할 수 있다면 사교육에 대한 의존을 크게 줄일 수 있을 것이고 자연스레 학교의 많은 문제들이 해결될 것입니다. 공교육의 변명을 들어봐야겠습니다. 공교육의 탄생 배경을 보면 왜 공교육이 학생들의 요구를 받아들이지 못했는지 알 수 있습니다.

교육은 인간의 탄생과 함께 시작되었지만 현대적인 개념의 학교 제도와 공교육의 시작은 200년도 채 되지 않았습니다. 학교(school)의 어원은 skhole으로, 이는 '여가' 혹은 '한가함'을 뜻하는 그리스어 단어입니다. 옛날, 평민이나 노예는 굶어 죽지 않기 위해 농사를 짓거나 노동을 해야 했지만, 귀족이나 양반 계급은 생산활동을 할 필요가 없었습니다. 이렇게 '한가한' 사람들이 모여 공부를 한 것이 최초의 학교가 되었습니다. 일부 부유한 귀족들만의 것이었던 교육이 사회 구성원 모두를 위한 공공재가 되며, 이전과는 다른 특징을 갖게 되었습니다. 최초의 공교육 제도는 개인이 아닌 국가의 요구와 이익을 위해서 만들어졌습니다. 국가는 공교육을 통해 생산력과 군사력을 안정적으로 확보하고 국가 간 경쟁에서 우위를 차지하고자 하였습니다. 물론 공교육은 개인의 이해관계(교육을 통한 출세 혹은 삶의 질 향상)와도 맞아떨어졌기 때문에 국민들도 공교육에 적극적으로 참여했지요. 이런 이유로 공교육은 소수를 위한 엘리트 교육이 아니라, 다수를 위한 일반적인 교육을 지향하였습니다(이와 관련된 내용은 16장에서 더 알아보도록 하겠습니다). 다양한 학생들의 실력을 고려하지 않고 '중간 정도 실력의 학생'에게 적합한 수업을 하여, 상위권과 하위권 학생들이 수업에서 소외됩니다. 결국, 이들은 사교육으로 고개를 돌리게 되지요. 공교육의 태생적 한계는 분명합니다. 적어도 지금까지는 그렇게 보입니다. 하지만 공교육의 역사는 200년도 되지 않았고, 아직도 발전하고 있습니다. 앞으로 공교육은 어떻게 진화할까요?

교육부는 공교육의 위기를 극복하고 교육의 공정성 회복과 일반계 고등학교의 교육 역량 강화를 위해 '고교 서열화 해소 방안'을 발표하였습니다. 각각의 방안들에 대해서, 여러분의 의견은 무엇인지, 교육에 어떤 영향을 끼칠지에 대하여 생각해 보시기 바랍니다. 또한, 교육부가 제시한 방안 이외에 또 어떤 해결책을 제시할 수 있을지 생각해보기 바랍니다.

자사고·외고·국제고의 일반고 전환

자립형사립고등학교, 외국어고등학교와 국제고등학교는 설립 취지와 다르게 학교 간의 서열화를 만들고 사교육을 심화시키는 등 불평등을 유발하였다는 비판을 받았습니다. 이에 교육부는 2025년까지 자사고, 외고, 국제고를 모두 일반계 고등학교로 전환한다고 발표했습니다. 또한, 전국 단위로 학생을 모집했던 일부 일반고의 모집 특례를 폐지하고 과학고등학교와 영재학교의 선발 방식도 개선하기로 하였습니다. 자사고·외고·국제고의 일반고 전환 정책은 교육의 평등을 위해 반드시 필요하다는 주장과, 우수학생의 교육 기회를 박탈한다는 주장이 대립하고 있습니다.

학생 진로·학업 설계를 위한 원스톱 지원시스템 마련

전국 시도교육청에 학교 교육과정 설계 및 진로·진학 업무를 전담하는 '교육과정 지원팀'이 설치될 예정입니다. 또한, 학교별 진로설계 전문 인력 배치 등을 통해 학생 맞춤형 교육과정을 설계하고 진로·진학 상담을 강화할 예정입니다. 학생들은 입학 이후 다양한 검사와 지속적인 진로상담을 실시하며, 진로에 적합한 선택과목 선정 및 개별화된 교육과정을 설계하고 다양한 맞춤형 지원을 받을 수 있습니다.

학생 맞춤형 교육

학생의 학습 수준과 적성에 따라 과목 선택권을 확대하고 개별 학교의 교육과정 편성과 운영의 자율성을 확대하기로 하였습니다. 학생의 다양한 선택과목 개설 수요에 따라 교과 순회교사제, 전문강사 확보를 추진하며 개별 학교 내에서 해소되지 못한 교육 수요는 온·오프라인 공동교육 클러스터, 대학 및 지역사회 연계 등의 방법으로 제공할 예정입니다. 일반고 내 예체능 진로 희망자에 대해서도 특목고, 특성화고 수준의 교육여건을 제공합니다. 예체능 계열 희망 학생은 교과 이수부담을 완화하고 전공분야 전문 교육과정을 지원합니다. 직업교육을 희망하는 학생들은 위탁 기준을 완화하고 특성화고·전문대와 연계한 위탁 교육 기회를 제공합니다.

교사의 전문성 강화

예비 교사에 대해 학교 현장실습 다양화, 다 교과 지도를 위한 복수 전공 요건 완화 등 교원양성 교육과정의 개편을 추진합니다. 이 외에도 현직 교사에게 생애 주기별 필요한 직무수행 역량 함양을 위해 학습 연구년제 등을 활용한 주기별 맞춤형 연수를 제공합니다.

일반고 환경 개선

'미래형 학교' 구현을 위해 학교 공간 혁신 및 인공지능(AI), 정보통신기술(ICT) 등 첨단 기술이 접목된 학습 환경을 조성합니다. 다양한 수업이 가능한 가변형 교실과 개방형 창의·감성 휴게 학습 공간 등 학습자 중심의 학교 공간을 단계적으로 조성할 예정입니다. 또한, 첨단 기술이 접목된 학습 플랫폼 조성을 위해 전체 일반고에 무선망을 구축하고 태블릿 컴퓨터 등 정보통신기술 기기 확충을 지원할 예정입니다.

고교학점제 도입

학생들이 진로에 따라 다양한 과목을 선택·이수하고 누적 학점이 기준에 도달할 경우 졸업을 인정받는 고교학점제를 도입합니다. 기존에는 출석 일수로 졸업 여부를 결정하였으나 고교학점제 도입에 따라 학생이 성취 수준에 도달하여야 과목 이수를 인정합니다. 고교학점제는 여건 조성 후 2025년에 전면 시행할 예정입니다. 고교학점제에 대해서는 이어지는 6장에서 더 자세히 알아보겠습니다.

• ◎ •

교육은 백년지대계(百年之大計)라고 합니다. 교육이 아주 중요하기 때문에, 백 년을 내다보고 큰 계획을 세워야 한다는 말입니다. 식민 지배와 전쟁을 겪은 세계 최빈국이 한강의 기적을 일으키고 50년 만에 선진국의 반열에 오른 것 또한 교육의 힘입니다. 여러분의 관심과 참여가 모여 학교를 바꾸고 더 나은 미래를 만들 수 있습니다.

이런 면접 어때요?

※ 다음 제시문을 읽고 면접 문항에 답하라(예상 소요 시간 : 10분)

현행 대학 입시제도는 크게 수시모집과 정시모집으로 나뉘어진다. 수시모집 전형의 확대 시행으로 대학수학능력시험(이하 수능)의 영향력이 약화되었지만, 여전히 수능 성적은 대학 입시에서 가장 중요한 요소 중 하나이다. 이렇듯 중요한 수능에서 EBS 교재의 내용을 70% 이상 연계 출제하면서, 학교에서는 수업시간에 교과서 대신 EBS 교재를 사용하는 웃지 못할 광경이 벌어지고 있다. 교육 당국은 수능의 EBS 교재 연계가 사교육 부담을 줄이고 교육의 평등을 보장한다는 점을 강조하며 현재의 기조를 유지하려하지만, 일부에서는 EBS 교재의 수능 연계가 오히려 사교육을 부채질할 수 있으며 EBS 교재의 독점적인 지위가 교사의 교육권을 침해한다는 우려를 표하고 있다. 또한 EBS 교재의 수능 연계 정책은 학교의 정상적인 교육과정 운영과 전인교육을 방해할 뿐더러, 문제풀이 중심의 단편적인 교육을 유도할 수 있다는 우려를 나타내고 있다.

01. 현행 EBS 교재의 수능 연계 정책에 대한 자신의 견해를 밝히고, 그 이유를 설명하시오.

02. 교사가 되어 1번 문항에서 답한 견해에 따라 수업을 진행하고자 할 때, 이에 반대하는 학생이 있을 경우 어떤 방식과 내용으로 학생을 설득할 것인지 말하시오..

생각 보태기

01. 2004년 사교육 절감과 교육격차 해소를 위해 EBS교재의 대학수학능력시험 연계정책이 시행되었습니다. 시행 초기 30%에 불과하던 연계율은 2011학년도 수능에서 70%까지 확대된 이후 꾸준히 70%대를 유지하였으나, 2022학년도 수능에서는 50%로 축소될 예정입니다. EBS교재의 수능 연계정책은 사교육 절감을 목표로 시행되었으나 지난 10여년 간 끊임없이 고등학교 교육과정 파행을 불러올 수 있다는 비판을 받아왔습니다. 2018년에는 EBS교재 수능 연계정책이 교육의 자유를 침해한다며 일부 학생과 학부모, 교사가 헌법소원심판을 청구하기도 하였으나, 헌법재판소는 EBS 연계정책이 교육의 자유를 침해하지 않는다며 청구를 기각 및 각하한 일도 있었습니다. 두 가지 견해 중 정답은 없기 때문에 지원학생의 개인적인 교육관에 따라 입장을 선택할 수 있습니다. 이 문항은 지원학생이 EBS 수능 연계정책이 무엇이고 긍정적인 효과와 한계에 대해 정확하게 인식하고 있는지, 자신의 주장에 대한 근거를 논리적으로 제시하고 합리적으로 학생을 설득할 수 있는 능력이 있는지를 평가하는 문항입니다.

02. 자신과 반대 입장을 가진 학생에 대해 교사는 교육적 관점에서 학생을 설득해야하며, 상급자와 하급자가 아닌 동등한 인격체로서 학생을 존중하고 학생의 의견을 먼저 경청해야합니다. 교사 자신의 주장만 옳다고 말하지 말고 상대방의 주장에 대한 포용과 교육적 감화를 병행해야합니다. 교사가 일방적으로 학생에게 통보하는 것이 아니라, 학생이 이해하고 수긍할 시간을 주거나 여유를 가지는 것 또한 중요합니다.

답변 도우미

01. [찬성] EBS교재의 수능 연계정책은 지속되어야 하며, 그 이유는 다음과 같습니다. 첫째, EBS교재 수능 연계를 통해 사교육비를 절감할 수 있고 교육격차를 해소할 수 있습니다. 우리나라는 높은 교육열로 가구당 사교육비 지출이 OECD국가 중 최상위권에 속합니다. EBS교재는 타 교재 대비 가격이 저렴하고 TV가 있는 가정에서는 누구나 손쉽게 우수 강사들의 EBS 강의를 시청할 수 있어서 사교육 과열을 진정시키는 데 효과를 보입니다. EBS교재는 전국 학교에서 저소득층 학생들에게 무료로 제공되고 있으며, TV와 인터넷을 통한 무료 수강을 통해 지역과 소득격차에 따른 교육격차를 해소할 수 있습니다. 둘째, EBS교재 수능 연계가 고등학교 교육과정의 파행을 불러올 수 있다는 주장은 근거가 부족하므로 EBS교재의 수능 연계정책을 지속되어야 합니다. 수능에서 EBS교재가 연계되는 문항을 보면, 교재의 문제를 그대로 출제하는 것이 아니라 지문과 도표 등의 자료를 활용하고 핵심 제재나 논지를 활용하는 등의 방법으로 연계된다는 것을 알 수 있습니다. 교육과정의 중요 개념이나 원리를 이해하고 있다면 EBS교재를 별도로 공부하지 않더라도 수능을 치르는 데 큰 지장을 초래한다고 보기는 어렵습니다. 그러므로 EBS교재 수능연계가 고등학교 교육과정의 파행을 불러올 수 있다는 주장은 근거가 부족합니다.

　[반대] EBS교재의 수능 연계정책은 축소되어야하며, 그 이유는 다음과 같습니다. 첫째, EBS교재 수능 연계는 고등학교 교육과정의 파행을 불러올 수 있습니다. EBS교재는 고등학교의 정상적이고 자율적인 교육과정 설계를 막고 단편적인 교재중심·문제풀이 중심의 강의식 수업을 유도할 수 있습니다. 다수의 일반계 고등학교 3학년은 시간표에 적힌 과목과는 무관하게 EBS교재로 수업을 진행하고 있으며 교육 당국도 이를 묵인하고 있습니다. 이는 학생의 선택을 강조하고 활동과 과정을 중시하는 2015 개정교육과정과 어울리지 않는 정책입니다. 실제로 일부 학생과 학부모, 교사는 EBS 수능 연계정책이 교육의 자율권을 침해한다고 헌법소원심판을 청구하기도 하였습니다. 둘째, 수능 연계교재의 양과 질에 문제가 있으며 학습에 부정적인 영향을 끼칠 수 있습니다. 10여권이 넘는 많은 양의 연계교재를 공부하기 위해서는 많은 시간을 할애해야하고 이와 동시에 학교수업을 듣기는 매우 어렵습니다. EBS교재 역시 짧은 시간 내에 급히 제작되어야 하기 때문에 2016년의 경우 철자법 등의 단순오류 뿐만 아니라 내용오류가 100여건에 달할 정도로 상당히 많다는 통계 결과가 있습니다. 이는 학생들에게 잘못된 지식을 전달할 수 있어 우려스럽습니다.

02. 학생이 저의 수업계획에 반대하는 경우, 학생을 교무실로 불러 학생의 의견을 경청한 뒤 다음과 같이 답변하도록 하겠습니다. ○○학생의 의견은 잘 들었습니다. 먼저 이런 의견을 적극적으로 제시해줘서 선생님은 대단히 고맙고, ○○학생의 수업에 대한 열정과 관심을 높게 평가합니다. 학급에는 많은 학생들이 있지요? 이 많은 학생들은 각자 다른 꿈과 진로를 가지고 있습니다. 선생님은 학생들의 요구를 최대한 받아들여서 가장 도움이 되는 방향으로 수업을 하고자 합니다. 수업도 특정 학생의 요구가 아니라 되도록 많은 학생들에게 가장 도움이 되는 방향으로 해야하는 것이지요.

(찬성과 반대에 관한 내용)

아무쪼록 ○○학생이 선생님의 말을 잘 이해해주기 바랍니다. 앞으로도 의문이 생기면 언제나 선생님을 찾아오도록 해요. 선생님도 오늘 ○○학생의 의견을 진지하게 듣고 고민해볼 참입니다.

고교학점제가 뭐예요?

6장
교육과정

"아, 뭐가 이렇게 복잡해?"

주연이는 신경질적으로 머리를 헝클어트립니다. 수강신청이 코앞으로 다가왔지만, 주연이는 아직도 다음 학기에 들을 수업을 정하지 못했습니다. 한 시간이 넘도록 모니터를 바라보던 주연이는 금방이라도 울 듯한 표정을 지었습니다.

"진로선택과목? 교양과목? 뭘 선택해야 하지? 아무거나 막 골랐다가 나중에 손해 보거나 후회하는 거 아냐? 오빠! 여기 빨리 와봐! 빨리빨리! 급해!"
"왜, 뭐, 무슨 일이야, 왜?"
"나 시간표 짜는 것 좀 도와줘. 내일이 수강신청이야."
"아, 난 또 무슨 일 난 줄 알았네. 고등학생이 무슨 수강신청이야?"
"오빠, 요새는 고등학생들도 다 수강신청하거든요?"
"내가 학교 다닐 때엔 시간표가 다 정해져있었는데, 좋겠다. 부러워."
"뭐가 좋아, 복잡하기만 한 걸? 그냥 학교에서 다 정해줬으면 좋겠다."
"이거 네 맘대로 고르면 안 돼. 최소 이수 학점 같은 거 없어? 교육과정 좀 보자."
"교육... 과정?"

곰곰이 생각해보니 지난주 자율시간에 담임선생님이 무언가 열심히 설명해 주신 것 같습니다. 주연이는 딴 생각에 빠져 절반은 흘려들었지요.

"오빠, 어떡하지? 나 교육과정이 뭔지 모르겠어."

"너 또 학교에서 졸았지? 교육과정은 학교 홈페이지에 들어가면 확인할 수 있을 거야. 오빠가 도와줄 테니까, 가서 라면이나 하나 끓여봐."

"응, 알겠어! 한 그릇 바로 대접할게!"

주연이는 과연 수강신청에 성공할 수 있을까요?

교육과정이란?

교육과정은 무엇일까요? 학교 안팎에서 자주 듣지만 무언가 어려운 말입니다. 교육과정의 라틴어 어원은 'currere(달리다)'입니다. 여기에 약간의 변형이 더해지면, '경주로(running course)'를 의미하는 영어 단어 'curriculum'이 만들어집니다. 학생들의 학습과정을 달리기 경주에 비유한다면, 그들이 달려야 하는 코스가 바로 **교육과정**curriculum입니다. 교육과정은 학교에서 교육목표를 달성하기 위해 선택된 교육내용을 체계적으로 조직한 계획입니다. 좁게는 수업 시간에 배우는 교과 내용을, 넓게는 학교 안팎에서 경험하는 모든 내용을 뜻하지요.

교육과정의 유형

공교육이 발전하며 교육과정에 대한 많은 연구가 이루어졌고, 다양한 형태의 교육과정 모형이 탄생하였습니다. 초기의 교육과정 모형은 **교과중심 교육과정**subject-centered curriculum으로, 정해진 교과 지식을 효율적으로 전달하는데 집중하였습니다. 수업은 교사 중심의 강의나 설명이 주를 이루었는데 이를 통해 다수 학생을 대상으로 효율적이고 경제적인 지식과 정보의 전달이 가능하였습니다. 하지만 지식의 내용이 현실 생활과 다소 거리가 있고 학생의 흥미를 고려하지 않았기 때문에 학생들의 수동적인 학습태도를 유발할 수 있었고, 수업을 통해 학생들이 고등정신기능을 함양할 수 없다는 비판을 받았습니다. 이후 1920년대 미국에서 **경험중심 교육과정**experience-centered curriculum이 등장합니다. 경험중심 교육과정은 교과 중심 교육을 탈피하여 학생 중심, 문제 해결 중심 교육을 실시하였습니다. 학생들의 흥미를 고려하고 실생활과 밀접한 수업을 도입하였지만 기초학력이 저하될 수 있다는 단점이 있었습니다. 미국이 소련과의 우주 전쟁에서 패배한 것도 경험중심 교육과정이 폐기되는 주요 원인이 되었습니다. 냉전 시기, 소련이 세계 최초의 인공위성 스푸트니크 1호 발사에 성공하며 우주 전쟁에서 앞서가자 미국 국민은 큰 충격을 받았습니다. 미국은 교육을 비롯한 모든 사회 시스템을 점검하였는데 당시 운영 중이던 경험중심 교육과정이 학력 저하를 가져올 수 있다는 판단을 내리고 **학문중심 교육과정**discipline-centered curriculum으로 전환하게 됩니다. 학문중심 교육과정은 교과중심 교육과정에 일정 부분 기초를 두었으며 수업을 통해 지식의 구조를 발견하고 탐구하도록 구안되었습니다. 학습자들은 나선형으로 구성된 교육과정을 따라 점점 심화되는 지식의 구조를 탐구하고 깊게 공부할 수 있었습니다. 하지만 학생의 흥미를 무시하고 상위권 학생을 위한 교육과정 모형이라는 비판을 받았습니다. 이외에도 인간중심 교육과정, 역량중심 교육과정, 잠재적 교육과정 등의 다양한 교육과정 모형이 있습니다.

	교과중심 교육과정	경험중심 교육과정	학문중심 교육과정
특징	· 배워야 할 교과목 중심 · 지식 중심 · 전통적 · 인류의 경험이 축적된 문화유산 · 사전에 과목을 정하고 가르침 · 교사 중심 수업	· 학생의 전인적 발달 중시 · 지덕체의 조화로운 발달 · 실생활중심 · 경험 중심 · 학생 중심 수업	· 교과중심 교육과정과 비슷 · 지식의 구조 · 나선형 교육과정 (단계적 학습) · 기본지식 습득+탐구력
한계	· 학생의 흥미 무시	· 기초학력 저하 · 학습의 효율 저하	· 중상위권 학생에 유리 · 학생의 흥미 무시

▲ 다양한 교육과정의 유형

우리나라의 교육과정 - 2015개정교육과정

　　우리나라의 초기 교육시스템은 미 군정 하에 만들어졌습니다. 미국의 교육과정이 교과중심에서 경험중심, 그리고 학문중심으로 바뀐 것처럼 우리나라도 같은 수순을 밟았습니다. 2020년부터 전 학년에 적용되고 있는 2015개정교육과정은 역량중심 교육과정이며 학문중심 교육과정의 특징도 가지고 있습니다. 2015개정교육과정에 대해서 간단하게 정리해 보겠습니다.

특징	역량중심 교육과정 (핵심역량: 창의적사고역량, 자기관리역량, 지식정보처리역량, 심미적감성역량, 의사소통역량, 공동체역량)
인재상	인문학적 상상력과 과학기술 창조력을 두루 갖춘 창의융합형 인재
배경	· 학령인구의 감소, 학생 한명한명이 자신의 역량을 최대로 발휘해야 · 문제풀이교육, 한줄세우기 교육탈피 · 교사가 무엇을 가르칠것인가 → 학생이 무엇을 할 수 있을까
기본방향	· 핵심역량 반영 · 문이과통합+인성교육 · 교과의 학습량 적정화 · 교수학습및평가방법 개선
고등학교의 변화	· 공통과목 신설 · 학생의 과목선택권 강화(일반선택, 진로선택) · 국영수 비중 감축

▲ 2015 개정교육과정

고교학점제란?

　고교학점제란 기초소양과 기본학력을 바탕으로 학생들이 진로에 따라 다양한 과목을 선택·이수하고, 누적 학점이 기준에 도달할 경우 졸업을 인정받는 제도입니다. 간단히 말하자면 대학교의 교육 시스템과 비슷하다고 말할 수 있습니다. 고교학점제에는 두 가지의 큰 변화가 있는데요, 첫째는 학생들에게 많은 선택권을 준다는 것입니다. 기존에 학생들은 학교에서 미리 정한 교육과정에 따라 수업을 들었습니다. 하지만 고교학점제에서는 학생들이 자신의 진로와 흥미, 적성을 고려하여 스스로 원하는 수업을 선택하고 자신만의 교육과정을 구성해야 합니다. 두 번째 변화는 졸업 인정 조건이 '학교 출석 일수'에서 '이수 학점'으로 확장되는 것입니다. 이전까지는 학교에 일정 기간 등교만 하면 졸업할 수 있었지만, 고교학점제가 시행되면 졸업 전까지 반드시 일정 학점을 이수해야 합니다. 특정 과목에 낙제하여 이수하지 못했을 경우 학점을 얻을 수 없습니다. 미이수 학생이 학점을 취득하고 졸업하기 위해서는 보충 프로그램에 참여해야 할 것입니다. 우리나라는 단계적인 시행을 거쳐 2025년 전국의 고등학교에서 고교학점제가 전면 시행됩니다.

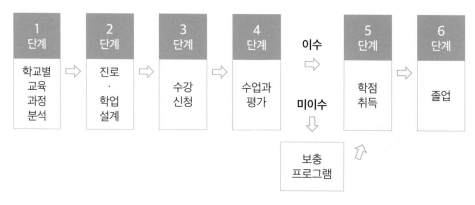

▲ 고교학점제 과정

2025년 고교학점제 전면 시행을 앞두고 많은 사람들이 기대와 우려를 동시에 나타내고 있습니다. 학생들에게 학습 동기를 심어주고 다양성을 보장할 수 있을 것이라는 장밋빛 전망이 있는가 하면, 학교에 과도한 혼란을 가져오고 물리적 한계를 겪게 될 것이라는 부정적인 견해도 있습니다. 하지만 고교학점제는 거스를 수 없는 시대적인 흐름과 같습니다. 이미 미국, 영국, 핀란드, 캐나다, 호주 등에서 고교학점제를 시행하고 있으며, 아시아에서는 싱가포르와 홍콩이 시행 중이지요. 고교학점제 전면 시행이 얼마 남지 않았습니다. 교육과정과 고교학점제에 대한 이해를 바탕으로, 여러분이 급변하는 미래사회에 경쟁력을 갖춘 인재가 되길 바랍니다.

이런 면접 어때요?

※ 다음 제시문을 읽고 면접 문항에 답하라(예상 소요 시간 : 10분)

경기도교육청이 고교학점제 책임 교육 체제 구축을 위해 전국에서 가장 앞서 5개 공통과목 이수 기준을 마련해 올해부터 시범 적용한다고 밝혔다. 고교학점제는 선택 과목별로 학생의 학업 성취 기준 도달 여부를 판별해 과목 이수 여부를 인정하는 교육과정이다. 학교에서는 학생이 선택한 과목에서 이수 기준에 도달할 수 있도록 개인의 상황과 수준에 맞는 예방과 보충학습 등 다양한 교수·학습 활동을 제공해 학생이 성취 기준에 도달하도록 지도해야 한다.

이러한 상황을 고려해 경기도 교육청은 내년 경기도 고교학점제 전면도입에 앞서 학교 현장에서의 시행착오를 줄이고 책임교육을 실현하기 위해 국어, 영어, 수학, 통합사회, 통합과학 등 5개 공통과목 이수 기준을 시범 적용하기로 했다. 또한, 교육청은 올해 일반고 379곳 가운데 85%가량인 319곳과 특성화고 전체 73곳을 고교학점제 연구·선도 학교로 운영한다.

경기도교육청의 A 장학사는 "학교 현장에서 5개 공통과목 이수 기준 시범 적용을 통해 학생 개개인의 성취 수준에 맞는 교수학습 방안을 마련하기를 기대하며, 학생들이 배움의 과정에서 소외되지 않고 자신의 잠재된 역량과 소질을 발휘하며 성장할 수 있는 교육과정 운영을 위해 노력하겠다"라고 밝혔다.

01. 고교학점제를 실시할 경우, 학생들에게 발생할 수 있는 변화를 설명하시오.
02. 고교학점제를 실시할 경우, 학교와 교사에게 예상되는 변화를 설명하시오.

생각 보태기

고교학점제는 학생이 기초 소양과 기본 학력을 바탕으로 진로·적성에 따라 과목을 선택하고, 이수기준에 도달한 과목에 대해 학점을 취득·누적하여 졸업하는 제도입니다. 2022년 특성화고 도입을 시작으로 2025년 전체 고등학교에 전면 시행할 예정이며, 이를 통해 학교는 학생 개개인의 다양성을 지원하고 학생들은 미래사회에 필요한 역량을 기를 수 있을 것입니다. 본문에서 밝힌 바와 같이 고교학점제에는 학생들에게 과목 선택권을 준다는 것, 그리고 졸업을 위한 조건이 '출석 일수'에서 '이수 학점'으로 확장된다는 큰 변화가 있습니다. 제시된 문제는 고교학점제에 대한 지원 학생의 이해도를 확인하는 면접 문항입니다. 고교학점제의 정의와 시행 목적, 졸업 조건 등의 내용을 숙지하고 있다면 쉽게 답변할 수 있을 것입니다.

답변 도우미

01. 고교학점제를 실시할 경우, 학생들의 과목 선택권이 보장됩니다. 학교에서 일률적으로 정해주는 교육과정 대신, 학생들 스스로 자신의 진로에 적합한 맞춤형 교육과정을 구성해야 합니다. 이를 위해 고등학교 1학년까지 수 회에 걸쳐 진로·진학 상담을 실시하고, 선택 과목을 골라야 하는 고등학교 2학년 전까지 진로 설계가 완성되어야 합니다. 진로설계가 끝났다면 진로에 적합한 선택과목을 골라서 수강해야 합니다. 학생들은 졸업하기 위해서 학점을 이수해야 하기 때문에 수업을 더 열심히 들어야 할 것입니다. 혹시나 미이수했다면 보충프로그램 등을 추가로 수강하여 졸업에 필요한 학점을 채워야 합니다.

02. 고교학점제 전면실시로 학교에서 많은 변화가 예상됩니다. 먼저 학교는 학생들의 개설 희망 교과목 수요를 분석한 후 최대한 많은 과목을 개설해야 합니다. 선택과목으로 인해 많은 분반이 생겨나기 때문에 더 많은 교사·강사 수급 문제를 해결해야 합니다. 교사가 2개 이상의 과목을 가르쳐야 할 수 있습니다. 이에 따라 복수전공 제한을 완화하고 추가 연수와 교원 양성이 필요할 것으로 예상됩니다. 교사들은 학생들의 수업 참여를 촉진하고 최종적으로 수업을 이수할 수 있도록 학생중심 활동을 구상해야 할 것입니다. 학교는 학생들에게 선택과목을 들을 수 있는 교실을 제공해야 합니다. 기존의 담임학급 중심 교실환경보다는 대학교와 같이 교과교실제를 전면도입하는 것이 더 효율적일 것입니다. 또한, 학교는 학생들의 진로 탐색을 위해 컨설팅과 박람회 등의 학교 자체적인 프로그램과 행사를 운영해야 합니다.

선생님이 들려주는 교육학 이야기

─◆─ 세상을 아는 지혜 ─◆─

교육학
끝판왕

03

학습이론

작은 과학자들

7장
인지 발달 이론

주연이는 고등학교 1학년입니다. 한참 진로에 대해 고민이 많을 때라 그런지 주연이의 꿈은 하루에도 서너 번씩 바뀌곤 합니다. 무슨 바람이 불었는지 요즈음 주연이는 유치원 교사가 되어야겠다고 마음을 먹었습니다. 인터넷으로 유아교육과에 대해서 이것저것 알아보는 와중에 언니네 식구가 집을 방문했습니다. 주연이는 자신만만하게 어린 쌍둥이 조카 둘을 돌보겠다고 했습니다. 언니가 주연이에게 비스킷을 한 봉지 주며 말합니다.

"주연아, 애들한테 과자 좀 나눠줄래? 얘들이 요새 서로 질투가 심해서 똑같이 나눠줘야 해!"
"응, 언니 알겠어!"

주연이는 비스킷을 한 주먹씩 쌍둥이들에게 나누어 주었습니다. 셈을 익힌 쌍둥이들이 동시에 소리 내어 비스킷을 세 봅니다. 이런, 큰일입니다. 한 명은 비스킷 세 개, 다른 한 명은 비스킷 네 개를 받았습니다. 비스킷 세 개를 받은 조카 민호는 눈에 눈물이 그렁그렁합니다.

"언니, 어떡해? 비스킷이 한 개 부족해! 민호 울 것 같은데?"
"응, 잠깐만!"

언니는 대수롭지 않게 민호의 비스킷 하나를 집어 들더니, 쪼개어 두 동강 내었습니다. 그러고는 다시 민호에게 돌려주었습니다.

"자, 민호야! 이제 다시 세 봐! 몇 개지?"
"하나... 두울... 셋... 넷! 네 개야!"

방금까지 민호의 눈에 그렁그렁하던 눈물은 어느새 함박웃음으로 바뀌었습니다. 아니, 그런데 비스킷 양은 그대로인데, 민호는 왜 좋아하는 걸까요? 주연이는 언니를 뒤로 불러 귓속말을 합니다.

"저기... 언니, 혹시 민호 머리가 나쁜 거야?"
"애는 무슨 소리야! 민호가 유치원에서 제일 똑똑해!"
"그런데 비스킷 양은 똑같은데, 왜 더 많아졌다고 생각하는 거야?"
"아, 그거? 저 나이 때는 원래 그래!"

여러분도 혹시 어린 조카나 늦둥이 동생이 있나요? 주변에 어린 아이들이 있다면, 아이들의 행동을 자세히 관찰해보시기 바랍니다. 어린 아동들은 종종 이해하기 힘든 행동이나 실수를 하곤 합니다. 얼굴만 가리고 숨바꼭질을 한다거나 인형과 대화를 하는 것처럼 말이죠. TV나 아쿠아리움에서 돌고래를 본 적이 있나요? 바다생물 중 가장 똑똑하다는 돌고래의 지능은 초등학교 1~2학년 학생의 그것과 비슷하다고 합니다. 바꾸어 말하자면, 초등학교 1~2학년 학생의 지능은 돌고래 정도에 불과하다는 말이지요. 인간은 태어난 이후 자라면서 인지발달을 거치고 결국 성인 수준의 인지능력을 가지게 됩니다. 이번 7장에서는 유치원 교사나 초등학교 선생님이 되기를 희망하는 학생들, 그리고 어린아이를 둔 부모들에게 매우 유용한 인지발달에 관해서 이야기를 나누어 보도록 하겠습니다.

인지발달cognitive development이란, 아동이 성장·발달하면서 일어나는 인지 기능의 변화를 일컫습니다. 쉽게 설명하면 어린 갓난아이가 성인의 수준으로 인지능력이 발달하는 과정이라고 할 수 있습니다. 앞에서 보았던 민호뿐만 아니라 이 세상의 모든 아기는 비슷한 성장 과정을 거칩니다. 보통 생후 100일이 지나면 몸을 뒤집고 7개월이 지나면 기어 다니기 시작합니다. 신체적인 발달뿐만 아니라 인지발달도 일정한 시기를 거치는데요, 스위스 태생의 생물학자 **피아제**J. Piaget는 자신의 두 딸을 관찰하면서 인지발달이론을 집대성하였습니다. 인지발달단계를 배우기에 앞서, 민호의 이야기를 통해 인지발달의 과정에 대하여 이야기해 보겠습니다.

> ㉠ 민호는 유치원에서 '개'에 대해 배웠습니다. 여러 종류의 개 사진과 개의 특징에 대해서 선생님께 설명을 들었지요. 민호는 수업 이후로 개에 푹 빠져 있습니다. 그저께도 엄마와 함께 마트에 가다가 푸들과 마주쳤습니다. 민호는 흥분하며 엄마에게 외쳤습니다.
>
> "멍멍이! 멍멍이!"
>
> 그리고 운이 좋았는지, 돌아오는 길에는 닥스훈트를 보았습니다. 하지만 닥스훈트를 처음 본 민호는 ㉡ 이것도 개인지 혼란스러워하는군요.
>
> "멍멍이?"
> "응, 멍멍이 맞아! 멍멍이!"

ⓒ 민호는 닥스훈트도 멍멍이라는 것을 배웠습니다. ⓓ 민호는 만족스러운 표정으로 닥스훈트를 바라봅니다.

민호는 엄마와 TV를 보고 있습니다. TV에서는 영국의 기마경찰이 나오고 있군요. 민호가 TV를 가리키며 들뜬 목소리로 외칩니다.

"멍멍이! 멍멍이!"
"민호야, 저건 멍멍이가 아니고 말이야."
"말?"

ⓔ 엄마는 말과 멍멍이가 어떻게 다른지 설명해 주었습니다. 민호는 끄덕거리며 몇 번이나 '말'이라고 외칩니다.

우리 머릿속에는 다양한 개념이 있습니다. '수학 공식'이나 '음식'에 대한 개념뿐만 아니라 '지하철을 타는 방법'이나 '교통질서'에 대한 개념도 있습니다. 이처럼 우리 머릿속에 저장된 온갖 지식과 개념을 **스키마**schema, 도식라고 합니다. ㉠에서, 민호는 개에 대한 스키마를 형성하였습니다.

▲ 스키마

도서관 봉사활동을 해 본 적이 있나요? 도서관에 새로운 책이 들어오면 책의 갈래나 특징에 따라 정리해야 합니다. 이처럼 아동이 새로운 정보를 얻었을 때 이를 정리하고자 하는 성질을 **평형화**equilibrium라고 합니다. 민호는 ⓛ에서 닥스훈트를 본 후 인지적 불평형화가 발생하였습니다. ㉣에서 평형화로 돌아가기까지, 민호는 **동화**assimilation와 **조절**accommodation을 통해 새로운 정보를 스키마로 저장합니다. 동화란 스키마의 양적 성장으로, 새로운 정보를 기존의 스키마에 통합하는 것입니다. ㉢에서, 민호는 동화를 통해 닥스훈트를 기존에 가진 '개'라는 스키마에 통합하였습니다. 조절은 스키마의 질적 성장으로, 기존 스키마를 수정하거나 새로운 스키마를 만드는 것을 뜻합니다. ㉤에서, 민호는 조절을 통해 '말'이라는 새로운 스키마를 형성하였습니다.

▲ 스키마의 형성 원리

피아제는 아동이 성인 수준의 인지능력을 얻기까지 4단계의 발달과정을 거친다고 하였습니다. 각각의 단계와 그 특징은 다음과 같습니다.

감각운동기(sensorimotor stage / 0세~2세)

감각운동기 아동은 머리를 쓰기보다 감각기관을 통해 주변 환경과 적극적으로 상호작용합니다. 여러분은 모두 '까꿍 놀이'를 알 것입니다. 우리에겐 지루하고 유치해 보이지만 아기들은 까꿍 놀이에 '환장'합니다. 그 이유가 있는데요, 감각운동기 후반에 대상영속성이 생기기 때문입니다. **대상영속성**object permanence이란, 사물이 눈에 보이지 않더라도 존재한다는 것을 아는 것입니다. 아직까지 대상영속성을 획득하지 못한 아동에게 까꿍 놀이는 마치 유명한 마술사의 순간 이동으로 보일 것입니다. 엄마가 얼굴을 가리면 감쪽같이 사라지고, 다시 '까꿍'하며 얼굴을 보이면 허공에서 엄마가 나타나는 것처럼 보일 것입니다.

전조작기(preoperational stage / 2세~7세)

전조작기의 아동은 생명이 없는 사물을 생물로 여기는데 이를 물활론적(物活論的) 사고라 합니다. 이 시기의 아동을 관찰하면 인형이나 구름 등에 말을 거는 모습을 쉽게 볼 수 있습니다. 또한, 전조작기 아동은 자기 중심성을 보이며 다른 사람의 관점을 고려하지 못합니다. 언어가 발달하지만, 주변의 친구들과 대화하지 못하고 각자 혼잣말을 하는 모습을 보입니다.

구체적 조작기(concrete operational stage / 7세~11세)

구체적 조작기는 초등학생에 해당합니다. 이 시기 아동은 탈중심화를 경험하며 다양한 시각에서 문제를 해결할 수 있습니다. 사물들을 크기 등에 따라 서열화할 수 있으며 보존 개념을 획득하여 겉모습이 바뀌어도 양이 같다는 것을 알게 됩니다.

형식적 조작기(formal operational stage / 12세~성인)

아동은 중학생이 되는 것을 전후로 형식적 조작기에 도달합니다. 구체적인 대상에 대해 사고할 수 있는 구체적 조작기와 달리, 형식적 조작기의 아동은 추상적인 대상에 대해 사고할 수 있습니다. 이 시기의 아동은 은유, 풍자 같은 복잡한 언어형식을 이해할 수 있으며, 문제를 해결하기 위해 가설을 세우고 이를 통해 결론을 도출할 수 있습니다.

▲ 인지발달 단계

인지발달이론이 등장하기 이전의 학교에서, 아동(학생)은 소극적인 존재로 여겨졌습니다. 수업의 주도권은 항상 선생님에게 있었습니다. 선생님은 좀 더 효율적으로 지식을 전달하는 방법을 연구했고, 아동은 선생님이 가르치는 내용을 잘 암기하기 위해 노력했습니다. 하지만 인지발달이론의 등장 전후로, 학습 중 아동의 역할이 매우 크다는 학자들의 발표가 이어집니다. 아동은 적극적으로 주변 환경을 탐색하고 정보를 처리하며 스스로 의미를 만드는 '작은 과학자들'입니다. 이와 관련해서 13장에서 더 많은 이야기를 나누어 보도록 하겠습니다.

이런 면접 어때요?

※ 다음 제시문을 읽고 면접 문항에 답하라(예상 소요 시간 : 10분)

A 씨가 근무 중인 강남의 한 영어유치원은 한 달 수강료가 200만 원을 가뿐히 넘는다. 하지만 입학을 위해선 대기 번호를 받고 면접시험을 봐야 할 정도로 인기다. 그는 "면접을 위해 기저귀를 차고 오는 19개월짜리 아기도 있다" 라며 강남의 조기 영어교육 광풍을 설명했다. A 씨는 "4살 아이에게 금요일에 단어장을 주고 월요일에 철자를 쓰는 쪽지시험을 본다" 면서 "혹독하게 가르치다 보니 2년 차인 6살 클래스는 영어로 수필을 쓰고 3년 차 7살 클래스는 영자 신문까지 읽는다" 라고 말했다.

부모의 욕망과 경제력이 만든 영어 수재다. 하지만 A 씨는 절뚝발이 교육일 뿐이라고 잘라 말했다. 그는 "영자 신문은 줄줄 읽는 애들이 정작 한글은 제대로 못 읽으니 기본적인 사고 능력도 또래보다 떨어진다" 면서 "수학, 과학 등도 전부 영어로 배우다 보니 막상 초등학교에 입학해서 한글로 배우는 수업을 헷갈려 한다" 라고 말했다. B 아동학과 교수 연구팀이 영어유치원에 1년 6개월 이상 다닌 아이와 영어를 접하지 않은 공동 육아 시설 아이의 창의력을 비교한 결과 언어 창의력 면에서 공동 보육 어린이는 평균 92점을, 영어유치원 어린이는 평균 68점을 받았다.

실효성은 있을까. 전문가들 사이에서는 너무 서두를 필요는 없다는 의견이 많다. 영어학원 관계자였던 C 씨는 그의 저서에서 "5살 아이가 2년간 습득한 영어를 초등학교 1학년은 6개월이면 터득한다" 면서 "5살부터 영어유치원에 다닌 아이나 1학년부터 배운 아이나 금세 같은 레벨에서 만난다" 라고 지적했다. 언어연구학회에 발표된 조기 영어교육에 관한 논문에 의하면, "한국처럼 영어를 제 2 언어로 학습하는 환경에서는 학습 연령보다는 인지 발달 수준, 영어 노출 시간, 집중도 등이 영어 능력 향상에 더 큰 영향력을 미친다" 라고 결론을 내렸다. B 교수는 "너무 어릴 때 영어를 가르치면 사고 발달이 저해되고 창의력도 굉장히 낮아진다" 라고 경고했다.

01. 피아제의 인지 발달 이론을 근거로 영어 조기교육의 효과가 떨어지는 이유를 설명하시오.

02. 효과적인 영어 학습을 위해 영어교육을 시작해야 하는 시기를 제안하고 그 이유를 설명하시오.

생각 보태기

01. 피아제는 아동이 환경과 적극적으로 상호작용하며 인지발달이 이루어진다고 말했습니다. 또한 피아제는 감각운동기에서 형식적 조작기에 이르는 인지발달단계를 제시하였습니다. 각 단계의 아동은 제한적인 능력을 가지는데 다음 단계로 넘어갈수록 더 고차원적인 인지활동을 할 수 있습니다. 피아제의 이론에 대한 이해도와 이론을 통한 사회현상 해석 및 적용 능력을 확인하는 면접 문항입니다. 피아제의 이론에 근거하여 조기교육이나 선행학습이 불필요하다는 것을 밝힐 수 있습니다.

02. 영어 교육을 시작하는 시기에 대해서는 다양한 의견이 있습니다. 일반적으로 언어교육은 아동이 어릴수록 좋다고 하지만, 너무 이른 시기에 제2외국어 교육을 시작하는 것은 많은 부작용을 가져올 수 있습니다. 언어학계에서도 제2외국어를 가르쳐야 하는 시기에 대해서는 다양한 의견이 있습니다. 정해진 답이 없기 때문에 지원학생이 생각하기에 적절한 제2외국어 학습 시기를 제안한 후, 합당한 근거를 제시하면 됩니다. 일반적으로 알려진 언어습득의 결정기를 넘기지 않으면서 제2외국어 학습에 필요한 인지발달이 충분히 이루어진 시기를 제안하면 될 것입니다.

답변 도우미

01. 피아제는 아동이 특정한 단계를 거치며 인지발달이 이루어진다고 주장하였습니다. 또한 특정 단계에 이르러야 특정 능력을 얻을 수 있다고 말했습니다. 이를테면 구체적 조작기가 되어야 보존성 개념을 획득할 수 있다는 것입니다. 제2외국어 학습도 마찬가지입니다. 인지적으로 준비되지 않은 어린 유아에게 무턱대고 영어교육을 시키는 것은 효율이 떨어질 것입니다. 실제로 영어유치원에서 1년간 배운 학습 내용을 중학교에서 수 주만에 배운다던가, 영어공부에 집중하다가 모국어학습이 부족해 오히려 인지발달이 더디게 되는 경우도 있습니다.

02. 저는 효과적인 영어학습의 시기를 초등학교 고학년 ~ 중학교 초반이라고 생각합니다. 피아제에 따르면 이 시기는 아동이 구체적 조작기를 지나 형식적 조작기에 이르는 때입니다. 구체적 조작기까지 모국어(국어)를 충분히 익히고 모국어로 깊은 사고를 하여 인지발달을 촉진한 후, 형식적 조작기에 들어갈 수 있습니다. 비록 영어와 한국어는 다른 점이 많지만 모국어에 대한 깊은 이해와 능숙함이 제2외국어 학습에 긍정적인 도움을 줄 것으로 기대합니다.

8장
무의식과 교육

승준이도 이제 고등학생이 되었습니다. 풀 먹인 새 교복만큼이나 몸도 마음도 긴장하였는지, 오전 수업이 어떻게 지나갔는지 모르겠습니다. 점심시간이 되어서야 새로운 짝꿍 종현이에게 말을 걸어봅니다.

"안녕, 나는 김승준이야."
"나는 최종현. 잘 부탁해."

둘은 어색함을 달래고자 중학교 이야기와 동네 이야기를 하더니, 취미와 좋아하는 음식에 대해서 이야기합니다.

"혹시 축구 봐? 나는 해외축구 좋아하는데."
"응 나도 봐. 무슨 팀 좋아해?"
"나는 리버풀 팬이야. 중학교 때부터 쭉 리버풀 팬이었어."
"나는 바르셀로나 팬이야. 메시 때문에 바르셀로나 팬이 되었어."
"잘됐다, 다음에 축구 같이 봐! 이번 주말에 뭐해? 같이 축구할래?"
"아니, 난 보는 것만 좋아해. 직접 하는 건 별로 적성에 안 맞는 것 같아서. 무슨 음식 좋아해? 난 중국집 자주 가는데."
"아, 나도 중국집 자주 가. 나 짜장면 엄청 좋아하거든."
"짜장면? 짬뽕이 진리지! 난 짜장면은 별로 안 좋아해."

승준이는 새 짝꿍인 종현이가 그럭저럭 마음에 들었습니다. 아주 비슷하진 않지만, 그래도 어느 정도 취향이 비슷했기 때문입니다. 특히 축구를 좋아한다는 점이 마음에 들었습니다. 내일은 종현이와 함께 피시방에 가서 축구게임을 할 작정입니다.

여러분도 새로운 친구를 만날 때 서로의 취향이나 취미를 물어보며 관심사를 비교해 본 경험이 있을 것입니다. 사람들의 취향은 타고나는 것일까요, 아니면 만들어지는 것일까요? 만일 취향이나 성격이 만들어질 수 있다면, 공부를 좋아하도록 만들 수도 있을까요? 100여 년 전, 오스트리아의 정신분석학자 **프로이트**Freud가 이 질문에 대한 답을 제시하였습니다. 8장에서는, 프로이트가 제시한 무의식에 대한 이론과 교육에의 적용에 대해서 이야기해 보겠습니다.

프로이트의 심리성적발달이론

7장의 인지발달이론을 기억하시나요? 프로이트도 피아제처럼 일종의 발달단계를 제시하였습니다. 프로이트의 발달이론을 **심리성적 발달이론**psychosexual development이라고 합니다. 프로이트는 인간의 본능이 충동과 성욕으로 이루어져 있다고 했습니다. 그는 **리비도**Libido라는 개념을 제안했는데, 이는 인간의 삶을 지속시키는 에너지이며 성욕입니다. 리비도는 아동이 성장함에 따라 몸의 특정 부위로 **고착**고정, fixation하는데 리비도의 이동에 따라 심리발달이 이루어진다고 합니다.

1단계	2단계	3단계	4단계	5단계
구강기	항문기	남근기	잠복기	생식기
0~2세	2~4세	4~6세	6~12세	12세~
· 빠는 행동과 깨무는 행동 · 구순고착	· 대소변을 통한 자의식 · 사회화 · 배변훈련	· 이성을 인지 · 아버지에 대한 이중심리 · 오이디푸스 콤플렉스(일렉트라 콤플렉스)	· 도덕성 형성	· 사춘기 · 연애 충동

▲ 리비도의 이동에 따른 발달단계

  구강기oral stage에 리비도는 아동의 입으로 이동합니다. 구강기의 아동은 입으로 세상을 탐구합니다. 모든 물체를 입에 넣고 촉각을 느끼며 새로운 정보를 획득합니다. 부모의 모유 수유와 유대감 형성 등으로 구강기의 욕구를 충족할 수 있으며, 이를 통해 아동은 부모에 대한 신뢰감을 형성하게 됩니다. 아동이 성장함에 따라 입에 고정된 리비도는 항문으로 이동하여 **항문기**anal stage가 시작됩니다. 항문기 아동은 대·소변을 방출하는 과정에서 쾌감을 느낍니다. 아동들은 곧 기저귀 대신 변기를 이용하는 배변훈련을 받게 됩니다. 아동은 배변훈련을 통해 난생처음 부모님의 사회적 제지를 받게 되는데, 이 과정에서 사회화가 시작됩니다. 성공적인 배변훈련의 경험은 아동의 창의력 신장을 돕습니다. 만 4세가 되면 리비도는 성기로 이동합니다. **성기기**phallic stage 아동은 남녀의 성별을 구분하게 되고 이성을 인지합니다. 아버지에게 존경심과 반발심을 동시에 가지는 이중심리가 나타나며 오이디푸스 콤플렉스를 보이기도 합니다. 여자아이도 어머니에게 반감을 가질 수 있는데 이를 일렉트라 콤플렉스라고 합니다. 남근기가 끝나며 리비도는 **잠복기**latent period에 들어갑니다. 이 기간 동안 아동의 성적인 행동이 억압되고 도덕성이 강화됩니다. 이후 리비도는 다시 성기로 집중되어 **생식기**genital period가 시작하고 사춘기에 들어갑니다.

프로이트는 출생 후 남근기까지 부모의 양육방식이 아동의 성격을 형성한다고 했습니다. 그는 부모가 아동의 본능을 다루는 방식이 아동의 성격 형성에 결정적인 역할을 한다고 주장했습니다. 특히, 만 3세 이전까지 아동에 대한 부모의 태도가 매우 중요하다고 했습니다. 짧게는 3년, 길게는 6년 동안 자녀에 대한 부모의 행동이 아동의 일생에 크나큰 영향을 끼치는 것입니다. 이 기간에는 1장에서 배운 **모방학습**modeling도 발생하기 때문에 부모님들은 자녀 앞에서 말과 행동에 주의를 기울여야 합니다.

짜장면이냐 짬뽕이냐, 그것이 문제로다

여러분은 짜장면과 짬뽕 중 무엇을 좋아하나요? 사람들의 취향은 각자의 생김새만큼이나 다양하고 확고하지만, 왜 그런 취향을 가지게 되었는지 명쾌하게 답할 수 있는 사람은 많지 않습니다. 중국집에서 짜장면과 짬뽕을 고르는 것처럼, 우리는 하루에도 수많은 결정을 내립니다. 우리는 선택의 순간이 왔을 때, 이성적이고 합리적인 최선의 결정을 내린다고 굳게 믿고 있습니다. 우리가 진로와 희망학과를 선택할 때도 마찬가지입니다. 하지만 우리의 순간적인 결정은 이성과는 꽤 거리가 멉니다. 오랜 고민의 시간을 거치고 주변의 많은 조언을 들어도, 결국은 '마음에 끌리는 대로' 선택하는 것이지요. 무엇이 우리의 마음을 움직일까요?

빙산 사진을 본 적이 있나요? 극지방의 바다를 표류하는 빙산은 물과의 밀도차로 인해 약 10% 정도만 수면 위로 떠오릅니다. 나머지 90%가량은 바다 아래에 숨어있지요. 흔히 의식과 무의식을 빙산에 비교합니다. 우리가 조절하고 통제할 수 있는 **의식**consciousness은 수면 위에 떠올라있습니다. 이것이 바로 겉으로 보이는 우리의 모습입니다. 반면에 빙산의 대부분은 수면 아래에 가라앉아있으며, 겉으로는 볼 수 없습니다. 우리가 임의로 조절하고 통제할 수 없지만, 우리를 움직이는 **무의식**unconsciousness입니다. 이것은 우리가 모르는 우리의 모습입니다.

▲ 의식과 무의식

　인간이 매 순간 받아들이는 정보의 양은 약 천만 개입니다. 지금 여러분도 이 책을 읽으면서 동시에 수많은 정보를 받아들이고 있습니다. 책의 메시지, 방의 온도와 습도, 엷게 풍겨오는 간식 냄새, 멀리서 개가 짖는 소리, 어디선가 들려오는 진동음, 방의 모습 등이 그것이지요. 천만여 개의 정보 중, 우리가 실제로 처리하는 정보는 40여 개에 불과합니다. 처리되지 않은 나머지 천만여 개의 정보들은 무의식으로 보내집니다. 이런 정보들은 쌓이고 쌓여 우리의 취향과 성격 형성에 강력한 영향력을 가집니다. 초당 10만여 개의 정보가 쌓이고 모여 우리의 선택에 영향을 미치는 **빅데이터**big data가 되는 것입니다. 포털 사이트나 SNS가 개인별 선호 자료를 예측하고 추천하는 것처럼, 우리의 무의식은 이미 우리의 취향과 성격을 형성하고 미래를 결정하고 있는지도 모릅니다.

무의식은 우리를 변화시킬 수 있는 강력한 동기입니다. 우리 교육 속에는 어떤 무의식이 숨어 있을까요? 1970년대 교육학자들은 학생들을 관찰하던 중 흥미로운 현상을 발견합니다. 학생들이 학교에서 공식적으로 가르치지 않는 내용을 학습하고 있다는 것이었습니다. 학자들은 이를 '숨겨져 있다', 혹은 '계획되지 않았다'는 의미에서 **잠재적 교육과정**latent curriculum이라고 명명하였습니다. 이처럼, 학교에서 공식적으로 의도하지 않았음에도 학생들이 은연중에 가지는 경험을 잠재적 교육과정이라고 합니다. 잠재적 교육과정은 특히 학생들의 태도, 가치관, 신념 같은 정의적 측면에 큰 영향을 줄 수 있습니다. 일찍이 많은 교육학자들이 잠재적 중요성을 인식하고 이를 연구하였습니다. 잠재적 교육과정을 중요하게 여기는 교육과정 모형인 '인간중심 교육과정'이 연구되기도 했지요. 잠재적 교육과정의 특징을 살펴보기 위해, 앞서 6장에서 배운 '공식적 교육과정'과 비교해 보겠습니다.

공식적 교육과정	잠재적 교육과정
학교에서 의도적으로 계획함	학교에서 의도하지 않음
교과 관련 영역에 더 치우침	주로 정의적(affective) 영역에 관련됨
단기적으로 배우며 일시적인 경향성	장기적, 반복적으로 배우며 지속성을 지님
교사의 지적인 부분에 영향 받음	교사의 인격적인 감화에 영향 받음
바람직한 내용만을 포함함	바람직한 내용과 바람직하지 않은 내용을 모두 포함함

▲공식적 교육과정과 잠재적 교육과정 비교

구체적인 예시와 함께 잠재적 교육과정의 특징을 설명해 보도록 하겠습니다. A고등학교는 일반계 고등학교임에도 불구하고 대학 진학 실적이 좋습니다. A고등학교는 학생들의 학습 의욕이 높아서 자율학습과 보충수업 참여도가 매우 높습니다. A고등학교에 입학한 신입생들은 자연스레 이 분위기에 휩쓸려 공부를 열심히 합니다. 인근의 B고등학교는 선·후배 간의 규율이 매우 엄격합니다. 물론, 학교는 이런 선·후배 문화를 결코 의도하지 않았습니다. 이런 B고등학교의 문화는 3년 동안 학습되기 때문에, 학생들은 졸업 후에도 다른 공동체 안에서 엄격한 선·후배 문화를 고집할 수 있습니다. 공식적 교육과정에 속하는 '수학 공식'은 졸업 후 금방 잊겠지만 선·후배에 대한 인식은 아주 오래 지속 될 것입니다. B고등학교의 선·후배 문화는 때로 바람직하지 않은 결과를 가져오기도 합니다. 점심시간에도 선배들은 자연스레 학교의 편의시설을 독차지합니다. 일부 후배들은 불편함을 호소하지만 뾰족한 방법이 없습니다.

　이처럼 잠재적 교육과정은 공식적 교육과정 만큼이나 학생들에게 큰 영향을 끼칩니다. 잠재적 교육과정은 A고등학교의 학습열이나 B고등학교의 선후배 문화처럼 태도, 가치관 등의 정의적 영역과 관련이 있습니다. 학자들은 공식적 교육과정과 잠재적 교육과정이 상호보완적으로 운영되어야 한다고 말했습니다. 또한 학생들에게 많은 영향을 끼칠 수 있는 학교의 문화적 풍토와 교사의 행동 등에 관심을 기울여야 한다고 주장했습니다.

　프로이트의 이론은 혁신적이지만 과학적으로 증명하기가 어렵고 성차별적이라는 등의 이유로 많은 학자들에게 비판을 받기도 합니다. 하지만 무의식의 중요성과 무한한 가능성을 제시한 그의 업적을 무시할 수는 없습니다. 다양한 교과에서 무의식을 활용한 학습법이 개발되었으며 보급되기도 했습니다. 무의식의 활용은 교육뿐만 아니라 마케팅이나 광고 등에서도 널리 쓰이지요. 미래에 뇌 과학이나 정신분석이 더 발전한다면, 무한한 가능성을 가진 무의식이 어떻게 활용될 수 있을지 기대됩니다.

이런 면접 어때요?

※ 다음 제시문을 읽고 면접 문항에 답하라(예상 소요 시간 : 10분)

[사례1] 지난 10월, ○○고등학교는 학교 주관의 체육 행사에서 일부 교사가 학생들에게 반일 구호를 외치도록 했다는 주장이 나오며 '사상 강요' 논란에 휩싸였다. 이를 부당하게 여긴 ○○고 학생 20여 명은 'A 연합'이라는 단체를 만든 뒤, SNS 게시판을 만들고 언론에 제보하였다. A 연합 측은 이후 몇몇 교사가 학생들에게 특정 정치사상을 강요했다며 사례를 모아 학교에서 기자회견을 열기도 했다. 학교 측은 "체육 행사는 정당한 교육 활동으로 선언문 작성 역시 학생들이 자발적으로 한 것이며, 특정 교사가 어떻게 쓰라고 강요한 사실이 없다"라고 해명했다. 한편 ○○고 일부 학생들은 A 연합 학생들의 주장에 반박하며 '교사가 정치적 중립을 어겼다고요?'라는 제목의 대자보를 붙였으며, 논란이 된 교사들이 정치적 중립성을 어기지 않았다고 주장하였다. 시민단체 B 센터 등은 정치적으로 편향된 수업을 진행해 교육 중립 의무를 위반했다며 ○○고 교장과 교사 등을 직권남용 및 강요 혐의로 검찰에 고발했다. 검찰로부터 사건을 받은 경찰은 참고인을 조사한 결과, 불기소(혐의없음) 의견을 달아 검찰에 송치하였다.

[사례2] ○○시 공립중학교 교사가 수업 시간에 특정 종교의식을 행하고 학생들에게 기도를 하는 등 도 넘은 종교 행위를 하였다는 사실에 논란이 일고 있다. 특히 이 교사는 교육과정에 포함된 진화론에 대해서도 "잘못된 것이니 배울 필요가 없다"라며 아예 가르치지 않거나 다른 종교를 믿는다는 이유로 특정 학생에게 '이단'이라고 말하기도 하였다. ○○시 학생인권심의위원회는 학부모 제보를 통해 해당 교사의 종교편향성에 대해 조사하였고, 문제의 소지가 있다는 판단에 따라 교육청에 해당 교사에 대한 징계를 요청했다. 심의위원회는 "모든 사람은 신앙의 자유 및 종교적 행위의 자유가 인정되지만, 이러한 자유 역시 다른 사람의 권리를 침해하지 않는 범위에서 인정되는 것"이라며 "학교 내 교사와 학생 간의 관계를 고려하면, 교사의 이러한 행위는 학생에게 상당한 영향을 끼칠 수 있고 국·공립학교에서 특정 종교교육을 실시하는 것은 정교분리의 원칙에 따라 허용되지 않으며, 헌법과 교육기본법 등에 명시된 학생들의 종교자유를 무시하는 행위이다"라고 명시했다. ○○시 학생교육인권센터는 "종교와 관련 중립적인 위치를 견지해야 하는 학교의 특성과, 성장기의 학생들의 가치관에 큰 영향을 끼칠 수 있는 교사로서의 지위를 고려했을 때, 해당 교사의 행위는 중대한 인권침해"라고 판단하고 교육감에게 해당 교사에 대한 신분상 처분을 하도록 권고했다.

01. 교사의 정치적·종교적 중립성이 강조되는 이유를 설명하시오.

생각 보태기

교사의 정치적 중립성은 뜨거운 감자입니다. 불과 수년 전까지만 해도 교사의 정치관련 발언은 터부시되었습니다. 하지만 최근 수년간 학교에는 많은 변화가 생겼습니다. 만18세 선거연령 하향으로 고등학생 일부가 참정권을 얻었고, 중·고등학교에 학생자치와 민주 시민 교육이 강화되었습니다. 현직 교사가 교육감에 출마할 수 있는 법안도 발의되며 교사가 더 이상 정치를 외면할 수 없는 상황에 이르렀습니다. 교사의 정치참여나 관련법에 대한 다양한 해석과 주장이 나오고 있습니다만, 교육은 조금 더 보수적이고 안정적인 입장을 취해야 할 필요가 있습니다. 교사의 행동과 발언은 인지적·심리적으로 미성숙한 학생들에게 많은 영향을 줄 수 있고 학생들의 무의식에 작용할 수 있기 때문입니다. 교사가 수업 중 특정 정당이나 정치인을 옹호 혹은 비난하는 것은 학생들에게 강력한 영향을 끼칠 수 있습니다. 정치적 편향 없이 사실만을 전달하고, 가치판단은 어디까지나 학생 개인의 몫으로 남겨야 할 것입니다. 종교적 중립성도 마찬가지입니다. 종교재단에 귀속된 사립학교를 제외하고 교사와 학교는 종교적 중립성을 지켜야 합니다. 특정 종교의 교리를 강조하거나 잘못된 인식을 심어주고, 교사 개인이나 특정 종파의 가치판단이 담긴 메시지를 전달하는 것은 부적절할 수 있습니다. 면접에 답할 때 특정 정치 진영이나 종파의 입장을 담지 않고 객관성을 유지할 수 있도록 합니다.

03

학습이론

답변 도우미

학교에는 인지적·정서적으로 미성숙한 학생들이 수많은 시간 동안 선생님들과 접촉합니다. 학생들은 학교에서 하루의 대부분을 보내며, 그들이 가장 많이 보는 성숙한 어른은 선생님들입니다. 교사는 수업이나 상담, 각종 교육 활동을 통하여 학생들에게 많은 메시지를 전달합니다. 이 과정에서 교사의 발언이나 행동 등이 학생들의 태도나 가치관, 신념 같은 정의적 측면에 막대한 영향을 끼칠 수 있는데, 이를 잠재적 교육과정이라고 합니다. 교사가 정치적 중립이나 종교적 중립을 지키지 않고 특정 정당이나 종교단체를 옹호하거나 비난할 경우, 심리적으로 미성숙한 학생들에게 막대한 영향을 끼칠 수 있습니다. 학생들은 아직까지 스스로 판단하거나 비판적으로 사고하는 능력이 부족하기 때문에 편향된 교사의 시각이나 발언은 학생들의 무의식에 작용하여 그들의 태도나 가치관을 인위적으로 조작할 수 있습니다. 또한 학생들은 교사의 행동이나 가치관을 자연스럽게 닮아가는 모방학습을 할 수 있습니다. 교사는 정치·종교에 있어서는 객관적으로 사실을 전달하여야 하며, 가치판단의 몫은 학생에게 남겨야 할 것입니다.

혼자 공부하는 아이,
함께 공부하는 아이

9장
학습자 특성

창우와 다희는 이란성 쌍둥이입니다. 창우가 다희보다 2분 먼저 태어났기 때문에 엄밀히 말하면 오빠이지만, 다희는 부모님 앞에서만 창우를 오빠라고 부릅니다. 보통은 '야'라고 부르지요. 이 둘은 생김새도, 성격도 너무 달라서 남들은 도저히 형제라고 생각하지 않지만, 아무튼 쌍둥이입니다. 중국요리를 먹을 때부터 둘의 차이는 극명하게 나타납니다. 창우가 탕수육에 소스를 부으면 어디선가 다희의 차진 손바닥이 날아옵니다. 소스를 찍어 먹어야지, 왜 부어버리냐고 따지는군요. 공부하는 모습도 다릅니다. 창우는 조용한 본인의 성격처럼 혼자 공부하는 것을 선호하지만, 다희는 친구들과 함께 토론하면서 공부하는 것을 좋아합니다. 선생님이 질문하실 때 창우가 오래 고민하고 신중하게 답하는 반면, 다희는 답을 '난사'합니다. 쌍둥이가 중간고사 성적표를 받았습니다. 겉으로 내색하지는 않았지만, 창우는 동생인 다희와 성적이 점점 벌어지는 것에 고민이 이만저만이 아닙니다. 오빠로서 체면이 구겨진다고 하네요. 창우는 고민 끝에 담임선생님께 상담을 신청했습니다.

"음…. 창우야, 고민이 참 많았겠구나."

"맞아요. 사실 아무한테도 말하지 않았는데, 다희처럼 '토론하는 공부 방법'도 시도해 봤어요."

"그래? 어땠니?"

"오히려 성적이 더 떨어졌어요."

"이런, 네 스타일에 맞지 않았나 보구나."

"저는 다희보다 머리가 나쁜 것 같아요. 똑같이 공부를 해도 성적이 잘 안 나와요. 저는 이제 어떡하면 좋을까요?"

창우는 공부뿐만 아니라 모든 일에서 자신감을 잃어가고 있습니다. 심지어 이제는 자기 머리가 나쁜 건 아닌지 자책하고 있습니다. 창우에게 어떤 조언을 해줄 수 있을까요?

학습자의 특성 - 인지양식

인간이 외부에서 들어온 정보를 지각하고 처리하는 방식을 **인지양식** cognitive style이라고 합니다. 창우와 다희가 공부하는 스타일이 다른 것처럼, 인지양식도 사람들마다 모두 다를 수 있습니다. 창우처럼 혼자 공부하는 것을 선호하는 사람이 있는가 하면, 다희처럼 친구들과 함께 토론하면서 공부하는 것을 선호하는 사람도 있습니다. 성공적인 학습을 위해, 자신의 인지 양식을 이해하는 것은 매우 중요합니다. 그리스의 철학자이자 세계 4대 성인 중 한 명인 소크라테스는, '너 자신을 알라'고 말했습니다. 손자병법에서도 '지피지기 백전불태(知彼知己 百戰不殆)', 즉 상대를 알고 나를 알면 백번 싸워도 위태롭지 않다고 했습니다. 외부의 요인보다 스스로의 특성을 잘 이해하고 자신의 장점과 약점을 파악하는 것이 중요하다는 말입니다. 여러분도 자신의 인지양식을 안다면, 여러분만의 장점을 극대화하고 단점을 보완하여 더 효율적이고 효과적으로 학습할 수 있을 것입니다.

여러분은 어느 손으로 필기를 하나요? 혹시 평소에 쓰던 손의 반대 손으로 필기를 해본 적이 있나요? 반대 손으로 한번 이름을 써보세요. 쓰기도 어려울 뿐더러 읽기도 난해한 꼬부랑글씨가 보일 것입니다. 인지양식도 이와 비슷합니다. 한번 굳어진 인지양식을 바꾸는 것은 매우 어려운 일입니다. 창우는 다희처럼 토론하는 공부 방식을 써 보았지만 오히려 성적은 더 떨어졌습니다. 창우보다 다희의 성적이 더 좋다고 해서 다희의 공부 방법이 더 좋다고 할 수 있을까요? 그렇지 않습니다. 개인의 인지양식에 따라 선호하는 공부 방법이 다를 뿐이지, 인지양식 간에 우열은 존재하지 않습니다. 각 인지양식의 특성을 이해하여 장점을 극대화하고 단점을 보완할 방법을 알아내는 것이 중요합니다.

장field이란, 주변의 상황과 맥락을 뜻합니다. 단순하게 환경(circumstance)이라고 바꿔 말할 수 있지요. 인간이 외부에서 들어온 정보를 처리할 때, 주변 장(환경)의 영향을 얼마나 많이 받는지에 따라 **장 의존적 인지양식**field dependent -과 **장 독립적 인지양식**field independent -으로 구분합니다. 간단한 검사를 통해서 여러분의 장 의존·장 독립 성향을 확인할 수 있습니다. 친구와 함께 시도해보고 결과를 비교해보세요. 여기에 3개의 도형이 있습니다. 가운데에 있는 도형을 좌우의 큰 도형 안에서 찾아보세요. 짧은 시간 안에 많이 찾아낼수록 장 독립적 인지양식, 반대의 경우 장 의존적 인지양식에 가깝다고 판정합니다.

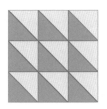 

▲ 잠입도형과 검사의 예

장 의존과 장 독립 인지양식의 특성은 다음과 같습니다. 표를 읽어보고, 창우와 다희가 어떤 인지양식에 더 가까운지 판단해 보세요.

장 의존적 인지양식	vs	장 독립적 인지양식
직관적, 통합적	정보 처리방식	논리적, 구체적
정리된 학습자료 선호 정리되지 않은 자료에 혼란을 느낌	선호하는 학습자료	정리 안 된 학습자료 선호 스스로 구조화함

03
학습이론

장 의존적 인지양식	vs	장 독립적 인지양식
동료학습 선호	선호하는 학습방식	개별학습 선호
맥락 정보에 관심이 높음	맥락 단서	맥락에 대한 단서를 무시하는 경향
협동이나 토론 등 상호작용이 허용되는 교수 상황 선호	선호하는 수업방식	인지적 측면이 강조되는 강의법 선호
정보 인지 시 주변의 장에 영향을 많이 받음	장의 영향	정보 인지 시 주변의 장에 영향을 별로 받지 않음
주변 분위기가 중요하여 테이블에서 공부하는 것을 선호함	도서관 사용	칸막이에서 혼자 공부하는 것을 선호함
칭찬과 긍정적인 피드백에 많은 영향 받음	칭찬, 피드백	외부의 피드백 영향 적음

▲ 장 의존적 인지양식과 장 독립적 인지양식

충동형과 반성형

창우와 다희의 이야기로 다시 돌아가 보겠습니다. 선생님이 질문을 하실 때, 창우가 오래 고민하고 신중하게 답하는 반면, 다희는 답을 '난사'한다고 했습니다. 이런 경향성도 인지양식으로 구분할 수 있습니다. 과제해결에 걸리는 시간과 오답 수를 통해 창우와 다희를 각각 **반성형 인지양식**숙고형, reflective -과 **충동형 인지양식**impulsive -으로 판정할수 있습니다. 반성형 인지양식은 문제에 대한 반응시간은 느리지만 오답이 적은 편입니다. 이와 반대로 충동형 인지양식은 문제에 대한 반응시간은 빠르지만 오답이 많고 실수를 하는 편입니다. 각 인지양식의 특성에 따라 장점을 강화하고 단점을 보완하면 더좋은 성과를 낼 수 있을 것입니다.

반성형 인지양식	vs	충동형 인지양식
느린 속도, 적은 오류	과제해결	빠른 속도, 많은 오류
추론이나 논리적 과제 잘함	선호하는 과제	창의적 과제를 잘함
꼼꼼하지만 소극적이라고 여겨질 수 있음	평판	적극적이지만 꼼꼼하지 못하다고 여겨질 수 있음
주의집중 잘함	주의집중	주의집중을 못함

▲ 반성형 인지양식과 충동형 인지양식

연구 결과에 따르면, 개인적인 차이는 있지만 일반적으로 나이가 어릴수록 충동적인 경향이 있으며 연령이 증가함에 따라 조금씩 반성형 인지양식으로 변한다고 합니다. 인지양식을 바꾸는 것은 어렵지만 다양한 **학습전략**learning strategy을 통해 인지양식의 단점을 극복할 수 있습니다. 반성형 학생들은 과제를 시간 안에 처리할 수 있도록 어려운 문제는 건너뛰거나 시험 중 시간을 관리하는 전략을 배울 필요가 있고, 충동형 학생들은 능력에 비해 실수가 많아 성적이 낮은 경향이 있어 신중하게 사고하고 문제를 정확하게 읽는 훈련이 필요합니다.

• ◎ •

저마다 학습 스타일이 다를 수 있습니다. 공부를 잘하는 학생들 사이에도 학습 스타일은 다르지요. 창우처럼 친구와 학습 스타일을 비교하며 자책할 필요는 없습니다. 학습 스타일은 사람들마다 다를 뿐이지 잘못된 것은 없으니까요! 여러분도 자신만의 강점을 살리고 약점을 보강하는 다양한 학습 전략을 찾아서 적용해 보는 건 어떨까요?

이런 면접 어때요?

※ 다음 제시문을 읽고 면접 문항에 답하라(예상 소요 시간 : 10분)

새롬이는 개별 과제 수행 능력은 우수하나 협력 학습 능력은 떨어지는 학생이다. 그래서 협력 학습에 부담을 느끼고 어려워한다. 새롬이는 모둠 활동에서 발표 파트를 맡았지만 소극적이고 자기 표현에 어려운 나머지 다른 사람 앞에서 말을 하지 못했다. 학생들이 새롬이를 계속 바라보고 있음에도 불구하고 새롬이는 아무 말도 하지 못했고, 당황한 교사는 성급히 다른 발표자로 순서를 넘겼다. 수업 후 교사는 새롬이에게 괜찮다고 말했지만, 새롬이의 표정은 좋지 않았다.

01. 새롬이를 위해 교사가 취할 수 있는 해결 방안을 제안하시오.

생각 보태기

교실에서 흔히 발생할 수 있는 상황을 제시한 뒤, 지원자가 학생과 공감하고 학습전략을 수립하는 것을 도와줄 수 있는지를 확인하는 면접 문항입니다. 새롬이의 경우와 같이 확연한 단점을 보이는 학생들에게 조언할 때 주의할 점이 있습니다. 단점에 초점을 맞추어 이를 수정하고 보강하는 것에만 치중하지 않아야 한다는 것입니다. 교사는 상담 시 학생의 장점을 강화하고 활용하는 방법을 함께 생각해 보아야 합니다. 학생의 단점에만 집중할 경우, 학생의 자존감을 해칠 수 있으며 상담이 실패로 끝날 수 있기 때문입니다. 교사의 중요한 덕목 중 하나는, 학생들의 장점을 찾고 칭찬해 주는 일입니다. 잘 살펴보고 눈여겨보면 학생들은 많은 장점을 가지고 있습니다. 학생과 정서적으로 교감하고, 단계적으로 학습전략을 수정할 수 있도록 도움을 줘야 할 것입니다.

답변 도우미

　교사는 다음과 같이 세 단계에 따라 점진적으로 새롬이를 지원할 수 있습니다. 첫 번째로, 새롬이에 대한 정서적 안정 지원이 필요합니다. 새롬이는 수업시간 중 모든 학생이 보는 앞에서 당황스러운 경험을 했습니다. 교사는 상담을 통해 새롬이의 자존감을 회복시킬 필요가 있습니다. 상담 중 학생과의 정서적 교감 후 학생에게는 단점보다 훨씬 많은 장점이 있다는 것을 부각하여 새롬이의 자존감을 회복시켜야 합니다.

　두 번째, 새롬이의 장점을 강화할 필요가 있습니다. 미래의 과제활동에서 새롬이의 파트를 변경하여 새롬이가 자신의 능력을 십분 발휘할 수 있는 역할을 맡도록 합니다. 새롬이는 성공적인 역할수행을 통해 자존감을 회복하고 미래 과제에 대한 강한 동기를 얻을 수 있을 것입니다.

　세 번째, 단점을 보강하는 전략을 사용합니다. 이 과정에서 교사는 새롬이의 장점을 최대한 활용하고, 새롬이가 당황하지 않도록 단계적으로 접근하여야 합니다. 먼저, 발표수업을 위한 준비 방법과 전략을 알려줄 수 있습니다. 새롬이는 개별 학습 능력이 뛰어나기 때문에 이를 이용하여 발표수업을 미리 준비시킬 수 있습니다. 말보다 글로 쓰는 능력이 뛰어나다면, 글로 자신의 생각을 나타내도록 하고 교사나 친구가 이를 대독하도록 할 수 있습니다. 쓰기와 말하기는 유사하기 때문에 쓰기활동을 통해 말하기에 필요한 능력을 키울 수 있습니다. 또한 쓰기는 말하기와 달리 원하는 만큼 수정을 할 수 있기에 새롬이에게 좀더 심리적인 안정감을 줄 수 있습니다. 새롬이가 이 활동을 무리없이 소화한다면, 1분 스피치 등의 짧은 말하기활동이나 영상 만들기, 음성파일 제출하기 등의 활동을 할 수 있습니다. 학급 전체를 대상으로 하는 발표수업이 어렵다면 소그룹 발표를 통해 적응하게 할 수 있습니다. 이런 점진적·단계적 접근을 통해 새롬이는 자신의 장점을 십분 발휘하며 단점을 보강할 수 있을 것입니다.

누구나 재능이 있다

10장
다중지능이론

오늘은 6학년 1반 학생들이 손꼽아 기다리는 금요일입니다. 매주 금요일에 학생들과 선생님이 함께 정한 주제에 대해서 자유롭게 조사하고 발표하는 융합수업을 하기 때문입니다. 오늘의 주제는 '우리나라'입니다.

"이번 시간은 여러분이 좋아하는 과목을 바탕으로 '우리나라'에 대해서 이야기해 보겠습니다. 여러분이 조사한 자료를 한데 모아 이번 달 학급신문에 실을 예정이에요. 자 누구부터 해볼까요?"

역사를 좋아하는 철수가 먼저 손을 들었습니다. 철수는 헛기침을 두어 번 하더니 익숙하게 발표를 시작합니다.

"우리나라는 단군왕검이 세운 고조선을 시작으로 5천 년이 넘도록 한반도에 살고 있습니다. 5천 년간 우리나라는 정말 많은 고난과 역경을 겪었습니다. 오늘 저는 우리 조상들이 겪은 위기 5가지에 대해 발표해 보도록 하겠습니다. … 6·25 전쟁은 우리에게 많은 상처를 남겼지만 우리는 통일을 소망하며 현재까지도 북한과 많은 교류를 이어가고 있습니다. 통일 이후 앞으로 더욱 성장할 우리나라를 기대하며 이만 마치겠습니다."

"철수가 우리나라의 역사, 그중에서도 위기의 역사에 대해서 잘 설명했네요. 위기가 바로 기회라는 말이 있죠? 우리 선조들은 항상 위기 속에서 기회를 잡았어요. 우리도 이를 배워서 포기하지 않고 물러서지 않는 마음가짐을 배워야겠어요. 다음은 규원이?"

"저는 우리나라의 대중가요, K-POP에 대해서 발표해 보겠습니다. 제가 좋아하는 K-POP 스타들의 춤을 따라 춰 보겠습니다."

규원이는 K-POP에 푹 빠져 쉬는 시간마다 친구들에게 춤을 가르쳐 주곤 했습니다. 스피커에서 흘러나오는 낯익은 음악에 학생들이 손뼉을 칩니다. 규원이는 두 곡을 이어서 춤을 추었습니다. 학생들은 함께 노래를 따라 부르며 규원이를 응원합니다. 큰 박수 소리와 함께 규원이의 순서가 끝납니다.

이어서 몇 명의 학생이 발표를 하고, 반에서 '식물 박사'로 불리는 지민이의 순서가 왔습니다.

"여러분 여기 무궁화 사진에서 보다시피 안이 빨갛죠? 이 안의 진한 빛깔이 밖을 향하여 뻗고 있습니다. 무궁화의 꽃은 홑꽃과 여러 형태의 겹꽃으로 이루어져 있습니다. ··· 무궁화는 7월부터 10월까지 길게 피는 편입니다. 이제 다음 달이면 우리 학교 뒤편에도 무궁화가 피겠네요. 그때 제가 말한 부분들을 기억하며 감상해 주세요!"

학생들은 지민이에게 뜨거운 박수를 보냈습니다. 민기는 손뼉을 치며, 문득 무궁화의 색감을 살려 그림으로 그려보고 싶다는 생각을 합니다.

"여러분 오늘 너무 발표를 잘해주었어요. 여러분 모두 각자의 재능을 마음껏 발휘한 발표였네요."

학생들은 '우리나라'라는 동일한 주제로 자신만의 이야기를 풀어내었습니다. 학생들은 저마다 자신 있는 과목을 토대로 발표했습니다. 춤을 잘 추는 규원이가 있었는가 하면, 식물의 특성을 꿰고 있는 지민이가 있었습니다. 왜 학생들의 장기는 저마다 다를까요? 춤추는 것을 좋아하는 규원이와 식물을 좋아하는 지민이 중 어떤 학생의 지능이 더 높을까요? 이번 시간에는 지능에 대한 오해에 대해 이야기해 보겠습니다.

여러분도 '머리가 좋다'는 말을 들어본 적이 있을 것입니다. 우리나라에서 '머리가 좋다'는 말은 흔히 '지능이 높다'는 말과 같은 맥락으로 쓰입니다. **지능**intelligence이란 문제를 해결하기 위한 사람의 총체적인 능력을 뜻합니다. 전통적인 관점에서 지능은 곧 **IQ**Intelligence Quotient 수치를 의미했습니다. IQ가 높으면 지능이 높다고 여겼지요. 사실 IQ 검사를 처음 만든 프랑스의 심리학자 **비네**Binet는 이 검사를 오로지 정신지체아를 선별하는 데에만 사용해야 한다고 주장했습니다. IQ 수치로 학생들을 서열화할 수 없고 해서도 안 된다고 말했지요. 지능의 현대적인 의미는 IQ보다 훨씬 더 넓고 포괄적입니다. 미국의 심리학자 **가드너**Gardner는 인간의 지능이 독자적인 8개의 능력으로 나누어진다고 말했습니다. 그에 따르면, 역사를 좋아하는 철수뿐만 아니라 춤을 잘 추는 규원이, 식물 박사 지민이는 모두 높은 지능을 가지고 있습니다. 가드너가 소개한 8가지 지능을 함께 보겠습니다.

지능	특징	어울리는 직업군
언어지능 (linguistic)	말과 글로 세상을 이해하고 자신을 표현하는 능력	작가, 사서, 변호사, 외교관
논리수학지능 (logical-mathematical)	숫자, 기호, 법칙, 규칙을 이해하는 능력	엔지니어, 프로그래머, 회계사, 과학교사
음악지능 (musical)	음과 박자를 이해하고 창조하는 능력	가수, 연주자, 작곡가
공간지능 (spatial)	도형, 그림, 지도, 입체등을 구상하고 창조하는 능력	항해사, 디자이너, 건축가, 운전기사
신체운동지능 (bodily-kinesthetic)	운동, 춤 등에 관련된 능력	운동선수, 배우, 경호원, 도예가
대인지능 (interpersonal)	타인의 감정, 의도 등을 이해하는 능력	정치가, 종교지도자, 카운슬러, 영업사원
자기이해지능 (intrapersonal)	자기내면의 동기, 욕구, 감정 등을 이해하는 능력	신학자, 심리학자, 작가, 예술인
자연친화지능 (natural)	동물, 식물, 환경을 인식하고 분류하는 능력	동물훈련사, 수의사, 식물학자

▲ 가드너의 다중지능

철수는 우리나라의 역사에 대해 설명하였는데 언어를 통한 설명에 능숙한 것을 미루어 보아 언어지능이 뛰어나다는 것을 알 수 있습니다. K-POP을 좋아하는 규원이는 몸으로 표현하거나 신체의 균형을 잘 맞추는 신체운동지능이 뛰어납니다. 지민이는 식물에 관심이 많고 이를 분석하고 분류하는 데 뛰어난 능력을 보여 자연친화지능이 높을 것으로 예측할 수 있습니다. 지민이의 발표를 보며 무궁화의 그림을 그려야겠다고 생각한 민기는 공간지능이 높을 것으로 예상됩니다. 이처럼 많은 학생들은 자신만의 강점과 높은 지능을 가지고 있습니다. 여러분은 가드너가 제시한 8가지 지능 중 무엇이 가장 높은가요?

긁지 않은 복권

많은 학생들이 자신의 지능이 낮거나, 가드너가 제시한 8가지 지능 중 특별하게 뛰어난 것이 없다고 자책합니다. 하지만 가드너의 이론 역시 절대적인 것이 아닙니다. 가드너는 지능을 8가지로 분류했지만, 학자에 따라서 더 많은 하위 지능으로 분류하기도 합니다. 여러분이 가진 진짜 지능은 아직 빛을 보지 못한 것은 아닐까요?

대부분의 학생들은 자신의 재능이 무엇인지 모르거나, 알더라도 이를 제대로 활용하지 못합니다. 무한한 가능성을 가진 여러분들은 '긁지 않은 복권'과 같습니다. 학교에서는 학생들의 숨겨진 재능을 찾아내기 위해 다양한 교과 외 활동과 진로체험 프로그램, 독서활동 등을 운영하고 있습니다. 또한 학교는 적성과 지능, 진로에 대한 다양한 검사를 제공하고 있지요. 여러 가지 문항에 대한 학생들의 답변을 분석하여 개개인의 지능, 적성과 어울리는 진로를 추천해줍니다. 학교에서 접할 수 있는 대표적인 진로검사는 다음과 같습니다.

학습유형검사	학습 시 선호하는 사고유형, 학습성격, 행동조절 방식 등 학습자의 특성을 분석하여 보다 효과적인 학습전략을 수립할 수 있음
진로탐색검사 (KMDT 등)	학생들이 직업과 관련된 다양한 능력을 어느정도 가지고 있는가를 진단함 직업 특성 유형 분류에 따라 특정 영역에서 발휘할 수 있는 잠재적인 가능성을 진단할 수 있음
MBTI검사	가장 유명한 심리유형검사로 개인이 정보를 수집하고 판단을 내리는 방식을 구분하며, 어울리는 직업유형을 안내하기도 함
홀랜드 직업흥미검사	160개의 직업을 제시하고 관심도를 응답하여 흥미영역과 경향척도를 측정하고 직업탐색에 도움을 줌

▲ 다양한 진로검사

• ◎ •

　4차 산업혁명과 함께 빠른 속도로 사회와 직업환경이 변화하고 있으며, 변화의 주기는 더욱 짧아지고 있습니다. 예전에는 유용하지 않다고 여겨지던 지능이 큰 성공을 가져다주기도 하며, 꼭 필요하다고 여겨지던 지능이 외면받기도 합니다. 하룻밤 사이에 새로운 직업이 생겨나고 인기가 많던 직업이 사라지고 있습니다. 인공지능의 발달로 많은 분야에서 로봇이 인간을 대체할 것이라고 합니다. 하지만 위기가 곧 기회라는 것을 잊지 말아야 합니다. 변화하는 환경에 유연하게 적응하여 자신만의 재능과 능력을 꽃피울 수 있는 것이 무엇보다 중요합니다. 진화생물학자 찰스 다윈은 "살아남는 종(種, species)은 강한 종이 아니고 또 똑똑한 종이 아니다. 변화에 적응하는 종이다."라고 말했습니다. 여러분이 변화에 적응하고 재능을 꽃피울 수 있는 종이 되길 바랍니다.

이런 면접 어때요?

※ 다음 제시문을 읽고 면접 문항에 답하라(예상 소요 시간 : 10분)

남 교사는 A고등학교로 발령을 받았다. 지역에서 명문고로 알려진 A고등학교는 학구열도 남달랐다. 학생들은 남 교사의 농담까지 귀 여겨 듣고 열심히 수업에 참여하였다. 하지만 어느 학교나 '검은 양'은 있기 마련이다. 3반 수업을 들어간 남 교사는 교실 뒤편에서 엎드려 자고 있는 B학생을 발견하였다. B학생은 남 교사의 지시를 무시하고 계속 잠을 잤다. 수업이 끝난 이후, B학생에게 수업이 마친 후 교무실로 오라고 했다. 교무실에서 동료 교사에게 B학생에 대한 이야기를 들을 수 있었다.

"B학생은 그냥 내버려 두시는 게 나을 거에요. 깨우면 수업의 맥을 끊는 농담을 하거나 옆 친구의 공부를 방해하기도 해요. 공부하라고 혼도 내 보았지만 공부랑은 담을 쌓았더라구요."

"부모님께 학교에 한번 오시라고 해야 하지 않을까요?"

"부모님이 전화를 안 받아요. 사고라도 치지 않으면 다행이라니까요. 공부에 뜻이 없다고, 수업 방해 안 할테니까 그냥 내버려두라고 하는데 골치아파요. 다른 애들이 영향을 받을까봐 좀 신경이 쓰이죠. 요새는 밤늦게 아르바이트를 하나 보더군요. 밤늦게까지 아르바이트를 하고 와서 학교에서는 잠만 자는거에요."

"그래요? B학생에게 방과후에 교무실로 오라고 했는데….."

01. 남 교사의 입장에서 B학생에게 조언해보시오.

생각 보태기

실제 교실에서 있음직한 상황을 제시하고 지원자의 대처 능력을 확인하는 면접 문항입니다. 교육학에서 배운 다양한 지식을 적용하여 B학생에게 조언할 수 있으나, 가장 중요한 것은 학생과의 정서적인 교감입니다. 정서적인 래포 형성이 되지 않은 채로 이론에 치우친 조언을 할 경우, 실제 상황에서는 상담이 실패함은 물론이고 학생과의 관계가 단절될 수 있습니다. 학생과 정서적 교감을 형성한 이후, 다중지능이론을 적용하여 학생의 자존감을 회복시켜주고 다양한 진로 정보를 제공할 수 있습니다.

답변 도우미

[정서적인 교감] B학생아, 선생님이 너를 부른 이유는 너를 혼내려는 것이 아니라, 너의 이야기를 들어보고 혹시 필요하다면 너에게 도움을 주기 위해서야. B학생은 수업시간에 많이 엎드려서 잠을 청하던데 혹시 무슨 이유가 있니? 괜찮다면 선생님에게 이야기해 줄 수 있을까? 아르바이트를 해서 많이 피곤하겠구나, 선생님도 대학생 때 아르바이트를 많이 했었는데 정말 피곤했던 기억이 나네. 집에는 몇시에 들어가니? 몇시에 자니? 고생 많이 하는구나. 첫 월급은 어떻게 썼니?

[자존감 회복] 학교 생활은 어떻니? 수업은 잘 안듣는데 공부하는건 흥미가 없니? B학생은 뭘 좋아하니? 혹시 취미나 특기는 있니? 학교를 졸업하면 무엇을 하고 싶니? 옛날에 어떤 학자가 말하기를, 사람들한테는 8가지 지능이 있다고 해. 물고기가 헤엄을 잘 치고 원숭이는 나무에 잘 오르는 것처럼, 공부를 잘하는 사람도 있고 노래를 잘 부르는 사람도 있단다. B학생은 ○○를 잘하니까 ○○지능이 뛰어나다고 할 수 있겠네. 지금은 공부를 잘하는 학생들이 잘 나가지만 세상이 워낙 빨리 변하다 보니 B학생처럼 ○○지능이 뛰어난 사람들이 크게 성공할 수도 있단다. B학생도 자신감을 가지렴.

[진로정보제공] B학생은 ○○를 잘하잖아? 그런데 선생님은 B학생이 학교에서 엎드려 잠을 자고 있는 이 시간이 아깝다는 생각이 들어. 혹시 ○○에 대해서 좀 더 일찍 공부해 볼 생각은 없니? 특성화 고등학교나 마이스터 고등학교에서 ○○에 대한 수업을 하는데 전학에 대해 생각해 볼 수도 있고, 전학가는게 좀 부담스럽다면 우리학교를 다니면서 ○○에 대한 교육을 받거나 체험해 보는 방법이 있어. 교육부 협력 기관에서 고등학생을 대상으로 직업 위탁교육을 실시하고 있는데, B학생이 원한다면 부모님의 동의를 얻어서 국비 지원으로 ○○에 대해 공부하고 실습할 수 있어. 우리 학교에 등교하는 대신, 협력 기관에 등교해서 직업 교육을 받는거지. 아니면 우리 시에서 실시하는 공동교육과정에서 다양한 직업체험 과목을 수강할 수 있단다. 선생님이 관련 자료를 줄테니 한번 읽어보고, 부모님께도 한번 말씀드려 볼래? 부모님을 한번 학교에 모시고 오면, 선생님이 자세하게 설명드릴게.

동물마저 조종하는 마법

11장
행동주의 학습이론

　보람이는 3달 동안 애걸복걸한 끝에 부모님의 허락을 얻고 반려견을 입양했습니다. 눈에 넣어도 아프지 않을 것 같던 반려견 똘이가 '악마견'으로 돌변하는 데는 오랜 시간이 걸리지 않았습니다. 똘이는 아무 데서나 소변을 보고 입질이 심했으며, 밤낮없이 짖어대 보람이네 가족을 난감하게 했습니다. 똘이를 시골에 사시는 할아버지 댁으로 보내야 할지 고민하던 차에 보람이는 우연히 반려견을 훈련하는 TV 프로그램을 보았습니다. 훈련사는 짧은 시간 내에 반려견의 문제행동을 고치고 '앉아' 같은 간단한 훈련에 성공하였습니다. 혹시나 하는 마음에 보람이도 훈련사의 교육을 그대로 따라 해 봤더니, 똘이의 문제행동도 훨씬 줄어들었습니다. 보람이는 전문적인 자격이 없는 자신도 반려견의 행동을 고칠 수 있다는 것이 너무 신기하였고, 문득 그 원리가 궁금해졌습니다. 훈련사가 직접 쓴 책을 읽어보고 인터넷으로 검색도 해 보았더니, 훈련사의 교육 방법이 '행동주의 학습이론'에 기반한다는 것을 알게 되었습니다. 그리고 행동주의 학습이론이 반려견을 교육할 때 뿐만 아니라, 사람을 대상으로 사회나 학교에서 널리 쓰이고 있다는 충격적인(?) 사실을 알게 되었습니다. 심지어 보람이 부모님 역시 보람이에게 행동주의 학습이론을 적용하고 있었습니다. 그것이 '행동주의'라고 불리는지는 모르셨지만요. 보람이는 행동주의 학습이론에 대해 더 조사해보기로 했습니다.

　행동주의behaviorism 학습이론은 빠르고 강력한 효과로 반려견 교육뿐만 아니라 학교와 사회에서도 폭넓게 적용되고 있습니다. 1960년대까지 전 세계의 심리학계를 지배했던 행동주의는 60년이 지난 지금, 반려동물 인구 1500만 시대의 한국에서 재조명 받고 있습니다. 11장에서는 행동주의 학습이론이 무엇인지, 그리고 교육에 어떻게 활용되고 있는지 알아보겠습니다.

여기 작은 택배 박스 크기의 실험 상자가 있습니다. 상자 안쪽에는 A와 B 두개의 버튼이 있습니다. A 버튼을 누르면 먹이가 나오며, B 버튼을 누르면 따끔한 전기 충격을 경험할 수 있습니다. 굶주린 쥐 한 마리를 실험실 안에 넣어보겠습니다. 가여운 쥐는 상자를 빠져나가려고 몸부림치지만, 사방이 막혀있다는 것을 곧 깨닫습니다. 쥐가 상자 여기저기를 긁고 냄새를 맡던 도중, 우연히 A 버튼을 건드립니다. 먹이가 하나 나왔습니다. 한참 뒤, 쥐는 한 번 더 A 버튼을 건드립니다. 또 먹이가 나왔습니다. 쥐는 버튼을 누르면 좋은 일이 생긴다는 것을 '학습'하였습니다(알게 되었습니다). 쥐는 점점 더 A 버튼을 자주 누를 것입니다. 기분이 좋아진 쥐가 이번에는 B 버튼을 눌렀습니다. 이런! 따끔한 전기 충격을 받았네요. 쥐는 두어 번 더 B 버튼을 누른 뒤, B 버튼을 누르면 기분 나쁜 일이 생긴다는 것을 '학습'하였습니다. 이제 쥐는 B 버튼을 누르려 하지 않을 것입니다. 이 작은 실험실은 이를 고안한 심리학자의 이름을 따서 **스키너 상자**Skinner box라고 불립니다.

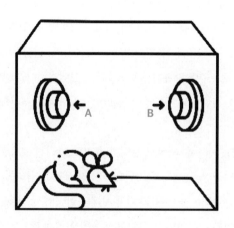

▲ 스키너 상자

행동주의 학습이론의 핵심 요소는 강화와 처벌입니다. 행동주의 심리학에서 특정 행동을 촉진하는 것을 **강화**reinforcement라고 합니다. 위의 상황에서, 쥐가 A 버튼을 누르는 행동을 먹이로 강화하였습니다. 반대로 특정 행동을 억제하는 것을 **처벌**punishment이라고 합니다. 쥐가 B 버튼을 누르는 행동을 전기 충격으로 처벌하였습니다. 강화와 처벌을 통해 쥐는 A 버튼을 자주 누르고 B 버튼을 거의 누르지 않게 될 것입니다. 이처럼 강화와 처벌을 통해 바람직한 행동을 촉진하고 부적절한 행동을 억제하는 것을 **행동교정**behavior modification이라고 합니다.

▲ 행동교정 메커니즘

아래의 세 가지 사례를 읽어본 후, 어느 사례에서 행동주의 강화와 처벌이 사용되었을지 추측해 보세요.

> · 도담이는 교복을 잘 입고 와 학생부 선생님에게 칭찬받았다. 다음 날 아침, 도담이는 체육복을 입고 등교하려다 마음을 고쳐먹고 교복을 입었다.
>
> · 새롬 씨는 자동차 과속으로 과태료와 벌점을 받았다. 새롬 씨는 과태료를 내며, 두 번 다시 과속하지 않겠다고 다짐한다.
>
> · 마트에서 아이가 장난감을 사달라며 큰 소리로 울고 있다. 아이 엄마는 주변 사람들의 시선에 얼굴을 붉히며 아이의 손에 장난감을 쥐여 준다. 아이는 언제 그랬냐는 듯 배시시 웃는다.

몇 개의 사례에서 행동주의 강화와 처벌이 사용되었을까요? 정답은 '3개 모두'입니다. 첫 번째 사례부터 보겠습니다. 도담이의 특정 행동(교복을 입음)을 선생님이 칭찬으로 강화하였습니다. 도담이는 교복을 입으면 기분 좋은 일이 생긴다는 것을 학습했습니다. '선생님의 칭찬'은 **강화물**reinforcer입니다. 특정 행동의 증가를 위해 다양한 종류의 강화물이 사용될 수 있습니다. 돈이나 음식, 최신 스마트폰처럼 기분을 좋게 하는 물질뿐만 아니라 칭찬이나 미소, 존경의 눈빛 같은 정서적으로 호감을 주는 행동이나 발언도 강화물이 될 수 있습니다.

두 번째 사례는 처벌에 관한 것입니다. 경찰은 사회 질서 유지에 바람직하지 않은 새롬 씨의 행동(자동차 과속)을 억제하기 위해, 처벌로 과태료와 벌점을 부과했습니다.

세 번째 사례는 조금 복잡합니다. 아이는 마트에서 원하는 장난감을 얻지 못해 짜증이 났을 것입니다. 아이는 울음을 터트렸고 엄마는 마지못해 장난감을 사주었습니다. 엄마는 난감한 상황을 모면해서 다행이라고 생각하겠지요? 하지만 엄마가 사준 장난감은 훌륭한 강화물이 되어 아이의 바람직하지 못한 행동(큰 소리로 울기)을 강화하였습니다. 이 아이는 앞으로도 갖고 싶은 물건이 생길 때마다, 바닥에 앉아 큰 소리로 울며 엄마를 곤란하게 만들 것입니다. 강화와 처벌을 다음과 같이 정리해보겠습니다.

	수여성 (주는 것)	박탈성 (뺏는 것)
특정 행동을 촉진	정적 강화(positive -) 예) 상점 부여, 용돈 올리기	부적 강화(negative -) 예) 군대의 포상휴가
특정 행동을 억제	정적 처벌 예) 벌점 부여, 체벌	부적 처벌 예) 축구 반칙 시 퇴장

▲ 강화와 처벌

행동수정 프로그램

　행동주의 심리학자들은 강화와 처벌을 적절히 이용하여 다양한 행동수정 전략과 행동수정 프로그램을 만들었습니다. 아래의 행동수정 프로그램은 교육현장에서도 활발하게 사용됩니다. 여러분의 경험에 비추어, 각 프로그램들의 사례를 찾아보시기 바랍니다.

03
학습이론

행동 촉진	행동 조형 (행동 형성)	형성하고자 하는 목표 행동에 점진적으로 접근하도록 차별강화를 사용함
	토큰(Token) 강화	바람직한 보상과 교환 가능한 토큰을 수여함
	프리맥(Premack)의 원리	하기 싫어하는 행동에 보상을 하여 강화함
	용암법(Fading)	도움을 점차 줄임
	행동 계약	목표 행동과 그 결과에 대한 보상을 미리 정함
행동 억제	상반 행동 강화	문제행동과 반대되는 행동을 강화
	타임아웃(Time Out)	좋아하는 장소 등에서 일시적으로 격리함
	포만(Satiation)	문제행동을 지속적으로 반복하게 함
	반응 대가	문제행동을 할 때 이미 소유한 강화물을 회수함

▲ 행동수정 프로그램

• ◎ •

한때 행동주의는 심리학계와 교육계의 대세 학문으로 여겨졌습니다. 하지만 행동주의가 아동을 지나치게 소극적인 존재로 여기고, 창의력과 사고력을 길러주는 교육에 적합하지 않다는 비판을 받기도 했습니다. 그럼에도 불구하고 우리는 여전히 학교와 사회에서 행동주의를 찾을 수 있습니다. 여러분이 나중에 교단에 섰을 때, 행동주의 학습이론을 지혜롭게 사용할 수 있기를 바랍니다.

이런 면접 어때요?

※ 다음 제시문을 읽고 면접 문항에 답하라(예상 소요 시간 : 10분)

　유치원 아이들이 채소 주스를 마실 때마다 칭찬 스티커를 주었다. 시간이 지나 칭찬 스티커를 주지 않자, 채소 주스를 잘 마시던 아이들도 마시지 않게 되었다. 아이들의 동기를 유발하는 강화물인 스티커가 사라지니 아이들의 강화되었던 행동이 사라진 것이다. 비슷한 실험이 계속 이어졌다. 이번에는 초등학생들이 책을 한 권 읽으면 칭찬 스티커를 주었다. 학생들은 칭찬 스티커를 받기 위해 경쟁적으로 책을 읽었다. 사실 책장에는 유아용 책과 초등학생용 책이 섞여 있었다. A학생은 누구보다 많은 책을 읽었지만, A학생이 읽은 책은 대부분 유아용 책이었다. 책의 내용을 파악하는 것이 목표가 아니라, 책을 다 읽는 것이 목적이 되어버렸다. 학생들에게 독서는 즐거움이 아니라 노동이 되어버린다. 칭찬은 동기유발을 위한 강력한 강화물이다. 하지만 학생들에게 "잘했어", "똑똑하네", "착하네" 등의 무성의하고 타성에 젖은 칭찬을 계속한다면 칭찬의 효과는 떨어질 것이다. 오히려 부정적인 결과를 가져오기도 한다. 물론 칭찬은 강력한 강화물이다. 하지만 우리나라 사람들은 칭찬하는 방법을 몰라도 너무 모른다. 그렇다면 교사와 부모들은 아이들을 어떻게 칭찬해야 할까? 교육 전문가 B씨는 (　　　　)을(를) 그 해답으로 제시하였다.

01. 위의 (　) 안에 들어갈 수 있는 말을 제시하고, 그 이유를 설명하시오.

생각 보태기

　행동주의 학습이론에 근거한 즉각적인 보상은 강력한 동기가 될 수 있지만, 잘못된 칭찬은 학생을 좌절시키거나 미래에 부정적인 영향을 줄 수 있습니다. 제시문에 나온 부정적인 칭찬의 예시에는 우리가 흔히 들어오던 "잘했어", "똑똑하네", "착하네"가 있습니다. 잘못된 칭찬은 엉뚱한 행동을 강화할 수 있습니다. 제시된 일화에서는 '책의 내용을 깊게 이해하고 충분히 고민하는 행동' 대신, '쉬운 책 여러권을 빨리 읽는 행동'을 강화하였습니다. 정해진 답이 없는 문제이기 때문에 적절한 단어를 제시하고 자신의 생각을 논리적으로 뒷받침할 수 있는 능력을 보여주면 됩니다. 칭찬의 위험성에 대해서는 이어지는 14장 귀인 이론에서 더 자세히 이야기해보겠습니다.

답변 도우미

　빈칸에 들어갈 내용은 "관찰을 통한 칭찬"입니다. 우리가 흔히 하거나 듣는 "잘했어", "똑똑하네"와 같은 칭찬은 맥락과 상황을 고려하지 않은 칭찬입니다. 칭찬을 들은 아동은 무엇을 칭찬하는지도 알 수 없을 뿐더러 똑똑하다는 칭찬은 오히려 아동에게 큰 부담을 줄 수 있습니다. 맥락이 없는 칭찬은 칭찬을 받은 아동이 교사의 진심을 느낄 수 없으며 껍데기 뿐인 칭찬이기에 진정한 강화제로 역할을 할 수 없습니다. 아동의 특정 행동을 강화하기 위해서는 칭찬 역시 특정 행동에 집중 되어야 합니다. 막연하게 "잘했어"라는 칭찬 보다는 구체적인 행동에 대한 칭찬을 해야 하는 것입니다. 예를 들어, 아동이 그림을 그렸다면 "잘 그렸네"라고 칭찬하기 보다는 "보라색을 많이 써서 분위기가 멋지구나" 라던지 "그늘진 부분의 명암을 잘 표현했구나"라고 구체적으로 칭찬해야합니다. 그러기 위해서는 아동의 행동을 잘 관찰할 필요가 있습니다.

내 머릿속의 지우개

12장
정보처리 학습이론

동네 마트에서 신나는 K-POP이 흘러나옵니다. 몇 년 전에 크게 유행하여 수정이도 참 좋아했던 노래입니다. 중학교 단짝 친구 다희와의 추억도 떠오릅니다. 이 노래에 맞춰 춤을 추고, 영상을 촬영해 SNS에 업로드 했었기 때문입니다.

'다희는 잘 지내려나? 고등학교 입학한 이후에는 바빠서 한 번도 연락을 못했네.'

수정이는 다희에게 무관심하게 지내던 것이 문득 미안해졌습니다. 오늘은 잊지 말고 다희에게 꼭 연락을 해봐야겠다는 생각을 했습니다.

"아 참! 엄마 심부름해야지!"

어머니가 심부름으로 마트에서 물건을 몇 가지 사 오라고 하셨습니다. 어머니가 사올 물건을 쪽지에 적어 주셨지만, 수정이는 자신만만하게 다 외웠다고 큰소리를 치고 빈손으로 나왔습니다.

'호박, 참기름, 깨소금, 부추, 시금치... 그리고 뭐였지? 다시마!'

수정이는 마트로 가는 길에 사야 할 물건을 잊지 않기 위해 머릿속에서 되뇝니다.

'호박, 참기름, 깨소금, 부추, 시금치, 또 뭐였지... 다시마!'

그러고는 외우는 방법을 바꾸어 봅니다.

'앞 글자만 따서 외워야겠다. 호-참-깨-부-시-다... 잠깐, 앞에 두 개 순서를 바꾸면 말이 되네? 참-호-깨-부-시-다? 잘됐다. 이렇게 외워야지!'

수정이는 이날, 당당하게 참기름 대신 참외를 사서 어머니에게 된통 혼났습니다.

여러분도 수정이처럼 물건의 목록이나 전화번호를 잊지 않기 위해 머릿속에서 되뇌어 본 적이 있나요? 심부름뿐만 아니라 영어단어를 한 번만 봐도 모두 기억할 수 있다면 얼마나 좋을까요? 많은 학생들이 암기를 어려워하고 싫어하지만 암기에도 비법이 있습니다. 12장에서는 망각의 원리, 그리고 우리의 뇌가 정보를 처리하는 과정에 대해 이야기해 보겠습니다.

망각이란?

한번 훑어본 개념이 머릿속에 영원히 기억된다면 얼마나 좋을까요? 종종 엄청난 암기력을 지닌 사람들을 보면 부러운 마음이 생깁니다. 사실 망각은 지극히 자연스러운 현상입니다. 우리는 하루에도 수많은 정보를 접하지만, 기억하는 것은 그 중 일부에 불과합니다. 암기를 잘 하기 위해서는 반대 현상인 망각에 대해 알 필요가 있습니다. 망각은 무엇이며 어떻게 하면 망각을 늦출 수 있을까요? 독일의 심리학자 **에빙하우스** Ebbinghaus는 시간에 따른 망각의 정도를 연구하였습니다. 연구결과에 따르면, 학습이 끝나고 10분이 지나면 망각이 시작됩니다. 학습 종료 1시간 뒤에는 암기한 내용 중 50%가량을 잊게 되고, 하루 뒤에는 70%를 잊게 되지요. 한 달 뒤에는 80%를 잊게 된다고 합니다.

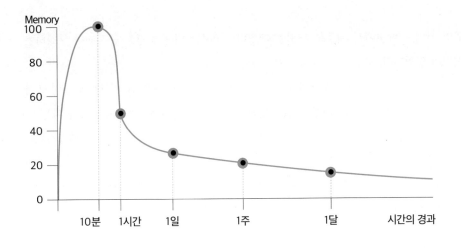

▲ 예빙하우스의 망각곡선

학자들은 다양한 시도 끝에, 망각으로부터 기억을 지키기 위한 가장 효과적인 방법을 발견했습니다. 사실 여러분도 이미 다 아는 방법인데요, 바로 복습입니다. 너무 뻔한 이야기인가요? 그렇다면 '뻔한 복습'이 아니라, '데이터에 기반한 과학적이고 효율적인 복습'에 대해 말해보겠습니다. 망각곡선을 다시 보세요. 망각 속도는 학습 종료 후 9시간까지 매우 빠르고, 이후 한 달 동안 완만한 속도를 보입니다. 이틀 뒤에 복습하는 것과, 한 달 정도 지나 시험 직전에 복습하는 것은 큰 차이가 없는 셈입니다. 그렇다면 다음과 같은 결론을 내릴 수 있습니다.

> ⋯ 복습은 빠르면 빠를수록 좋다.
> ⋯ 늦어도 9시간 안에는 복습을 해야한다.

급속한 망각이 일어나는 9시간 내에는 복습이 이루어져야 합니다. 평상시 여러분이 학교에서 학습하고 9시간 뒤는 언제일까요? 수업 시간에 따라 약간씩 다르겠지만, 아마 방과 후이거나 자기주도학습 시간일 것입니다. 저녁 시간은 학원에서 새로운 개념을 배우는 시간이 아니라, 하루 동안 학교에서 배운 내용을 복습해야 하는 시간인 것입니다.

만약 저녁에 학원에서 새로운 개념을 배웠다면 9시간 뒤는 꿈꾸는 중이거나 등교하는 시간일 것입니다.

학교 수업 사이에 10분 정도 쉬는 시간이 있습니다. 여러분은 쉬는 시간을 어떻게 사용하나요? 화장실에 가고 다음 수업을 준비하기에는 시간이 좀 남을 것입니다. 매번 그러는 것은 어렵겠지만, 복잡한 개념을 배운 날에는 쉬는 시간을 이용하여 복습해보는 것은 어떨까요?

적절한 주기로 복습이 이루어진다면, 학습한 내용을 오랫동안 기억할 수 있습니다. 복습을 염두에 둔다면, 망각곡선은 다음과 같은 모습으로 변할 수 있습니다.

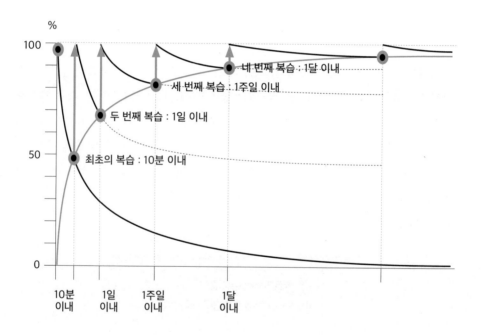

▲ 주기적인 복습과 망각의 상관관계

여러분도 수정이처럼 노래를 듣고 옛 친구와의 추억을 떠올린 경험이 있을 것입니다. 가끔씩 특별한 이유 없이 까맣게 잊고 있던 친구가 생각나거나, 어떤 사건이 떠오르지요. 우리가 보고 느끼는 정보는 우리 뇌 속에서 어떻게 처리되고 또 기억될까요? 많은 학자들이 뇌와 인간의 정보처리과정에 대해 연구하였으며 이를 바탕으로 정보처리이론이 만들어졌습니다. 아래의 그림을 보겠습니다.

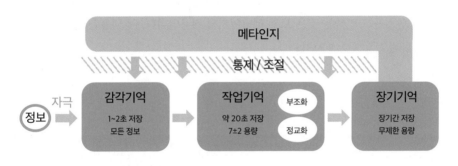

▲ 정보처리과정

정보처리이론에 의하면, 인간의 뇌에서는 마치 컴퓨터와 비슷한 일이 일어납니다. 정보가 인지되고 영구적으로 기억되는 일련의 과정을 차례대로 살펴보겠습니다. 인간은 오감을 통해 정보를 받아들입니다. **감각기억**sensory memory은 우리가 오감을 통해서 받아들이는 모든 정보를 아주 짧은 순간 동안 저장합니다. 학자들에 따르면 우리가 매 순간 시각, 청각, 촉각, 미각, 후각으로 받아들이는 정보는 천만 개 이상이라고 합니다. 이 많은 정보를 모두 처리할 수는 없겠지요. 감각기억으로 들어온 정보는 대부분 소실됩니다(물론 8장에서는 이 정보들이 무의식으로 보내질 수 있다고 했습니다만, 학자들 사이에서도 의견이 분분합니다). 수많은 정보 중 우리가 주의를 기울이는 일부의 정보만 **작업기억**working memory으로 이동합니다. 작업기억에서는 우리가 의식하여 처리하는 사고와 연산 등이 일어납니다. 작업기억은 마치 컴퓨터의 RAM(휘발성 메모리)과 흡사한 역할을 한다고 말할 수 있습니다. 작업기억은 용량의 제한이 있는데 보통 작업기억에서 처리할 수 있는 정보의 개수는 대략 7개입니다. 옛날 전화번호가 7자리로 정해진 것도 이런 이유입니다. 우리가 의식적으로 암기한 정보는 장기기억으로 저장됩니다. **장기기억** long-term memory은 컴퓨터의 하드디스크(HDD; 반영구적 저장)와 흡사한 역할을 합니다. 기억은 차곡차곡 장기기억에 저장되어 있다가 노래 같은 특정한 힌트나 메타인지를 통해 작업기억으로 다시 떠오릅니다. 이론상 장기기억에 저장된 정보는 영구히 보존됩니다. **메타인지**상위인지, metacognition는 이 모든 과정에 관여하는 사령탑의 역할을 합니다. 메타인지는 '생각에 대한 생각'이라고도 합니다. 기억 과정 전반을 통제하고 조절하는 의식작용이며 컨트롤 타워이지요. 수정이처럼 암기하기 위해 잔꾀를 부리거나 효율적인 암기 방법을 고민하는 것은 모두 메타인지의 작용입니다. 이 내용을 정리하고, 수정이의 상황에 적용해보겠습니다.

	감각기억	작업기억	장기기억	메타인지
역할	매순간 10만개 정보 받아들임	의식하여 일부 정보 처리	작업 기억을 통해 정보를 저장	기억 과정을 통제 및 조절
용량	무제한	7±2개	무제한	-
시간	1~2초	20여초	영구	-
수정이의 상황	· K-pop들음	· 사야할 물건을 머릿속에서 되뇌임 · 다희와의 추억 회상	· 다희와의 추억을 기억	· 암기를 위해 다양한 전략을 사용함

▲ 각 기억의 특징과 사용 예시

정보처리이론에 따르면, 암기란 작업기억에 있는 정보를 장기기억으로 저장하는 것입니다. 어떻게 하면 효과적이고 효율적으로 암기할 수 있을까요? 이론 상 작업기억의 용량은 7개 내외입니다. 이는 무작위 정보 7개를 동시에 처리할 수 있다는 말입니다. 7개를 초과하는 정보는 작업기억에서 동시에 처리하기 어렵습니다. 하지만 다양한 암기 전략을 사용하여 작업기억 용량의 한계를 뛰어넘을 수 있습니다. 대표적인 전략이 서론에서 수정이가 사용한 청킹입니다. **청킹**chunking이란, 정보를 의미 있게 연결하거나 묶는 인지 전략입니다. 무작위 단어 6개(호박, 참기름, 깨소금, …)는 6개의 정보이지만, 이 무작위 단어들을 하나의 유의미한 문장(참호깨부시다)으로 만들면 1개의 정보가 됩니다. 작업기억에서는 이제 6개의 정보를 더 처리할 수 있겠군요.

• ◎ •

청킹 외에도 메타인지조절, 유의미화, 정교화, 조직화, 시연, 부호화 등의 다양한 암기 전략이 있습니다. 유튜브나 인터넷에는 과목별로 유용한 암기법이 많이 공유되어 있으니 찾아보시기 바랍니다. 뇌에 대한 연구는 지금도 활발히 이루어지고 있지만, 인간의 뇌는 밝혀진 부분보다 밝혀지지 않은 부분이 훨씬 많습니다. 뇌의 비밀이 모두 밝혀지면, USB에 정보를 옮기듯이 뇌에 데이터를 옮길 수 있을까요? 즐거운 상상을 하며 12장을 마칩니다.

이런 면접 어때요?

※ 다음 제시문을 읽고 면접 문항에 답하라(예상 소요 시간 : 10분)

　다음 음식 만들기 수업에 교사가 적용한 교수 기법 중, 정보처리 학습이론과 관련이 깊은 것을 모두 고르고 각각 무엇인지 설명하시오(중등교사 임용시험 교육학 기출문제 참조).

01 자료를 제시하고 요리법을 설명하면서 중요한 부분에 밑줄을 그어 주의를 유도하였다.

02 음식을 만드는 데 필요한 재료 목록을 제시하고 유사한 항목끼리 묶어 기억하도록 하였다.

03 음식을 만드는 주요 과정을 랩 가사로 만든 후 학생이 익숙한 노랫가락에 맞추어 부르게 하였다.

04 음식 만들기를 성공적으로 수행한 학생에게는 자신이 평소 하고 싶었던 게임을 하도록 허용하였다.

생각 보태기

정보처리 학습이론은 '암기비법'이라는 이름으로 사람들에게 전파되고 공유됩니다. 다양한 암기법이 있지만 대부분의 암기법이 그 이론적 토대를 정보처리 학습이론에 두고 있습니다. 정보처리 학습이론을 실제 교육 현장에 적용하거나, 적용된 사례를 해석할 수 있는지를 확인하는 문항입니다. 각 활동이 정보처리 학습이론 중 어떤 전략과 관련이 있는지 설명하면 됩니다.

답변 도우미

정보처리 학습이론과 관련이 깊은 활동은 01, 02, 03번입니다. 01번 활동의 경우, 교사는 감각기억의 정보를 작업기억으로 보내기 위해 의도적으로 학생들의 주의를 유도하였습니다. 밑줄긋기는 감각기억에서 작업기억으로 정보를 보내기 위한 전략입니다. 요리책엔 수많은 사진과 글 등의 정보가 있지만 이 많은 정보들을 작업기억에서 모두 처리할 수 없습니다. 작업기억의 용량이 제한적이기 때문입니다. 학생들은 교사의 지시에 따라 요리책의 수많은 정보들 중 특정 정보에 밑줄을 그으며 자연스레 소수의 특정 정보를 작업기억으로 보냈습니다. 02번 활동은 조직화입니다. 앞에서 언급한 바와 같이, 감각기억과 달리 작업기억은 처리할 수 있는 정보의 용량에 제한이 있습니다. 작업기억은 한 번에 7개 내외의 무작위 정보를 처리할 수 있기 때문에 조직화를 통해 기존의 정보를 묶거나 연결시켜 하나의 정보로 만들 수 있다면 작업기억에서 더 많은 정보를 처리할 수 있습니다. 이를 다른 말로 청킹이라고 합니다. 03번 활동은 정교화입니다. 정교화는 기존에 가지고 있던 지식에 새로운 정보를 연결하는 것입니다. 익숙한 노랫가락(기존의 지식)에 음식을 만드는 주요 과정(새로운 정보)을 연결하여 새로운 정보를 더 유의미하게 암기할 수 있습니다. 정교화된 정보는 그렇지 않은 정보보다 훨씬 더 오래 기억될 수 있습니다. 또한 이 모든 정보처리과정에는 메타인지가 개입됩니다. 메타인지는 상위인지라고도 불리며, 생각에 대한 생각이라고 자주 표현됩니다. 메타인지는 우리가 효과적인 암기를 위해 어떤 전략을 사용하고 어떤 방식으로 정보를 처리할 지 결정하는 관제탑의 역할을 합니다. 한편 04번 활동은 행동주의 학습이론과 관련이 있으며 정보처리 학습이론과는 관련이 적습니다. 프리맥의 원리 혹은 정적 강화로 볼 수 있습니다.

틀린 것이 아니라 다른 것

13장
구성주의 학습이론

보람이와 우진이는 시험이 끝난 기념으로 영화관을 찾았습니다. 시험기간 내내 보고 싶어 하던 영화를 보기 위해서입니다. 두 시간이 훌쩍 넘는 긴 러닝타임동안, 보람이와 우진이는 손에 땀을 쥐며 영화에 몰입했습니다. 묘한 여운을 남기는 장면을 마지막으로, 영화가 끝났습니다.

"대박이다. 나 이거 한 번 더 볼 거야."

"그치? 나도 진짜 좋았어. 주인공이 결국 집으로 돌아갈 수 있어서 다행이다. 난 해피엔딩이 좋아."

"해피엔딩? 무슨 소리야? 주인공은 죽은 거야. 이해 못 했어? 마지막 부분은 전부 주인공이 죽어가면서 본 환상이라고."

"아니야! 주인공은 집으로 돌아갔어!"

"내가 맞다니까? 자신 있으면 내기해. 아이스크림 내기, 콜?"

"좋아! 아이스크림 받고 과자 한 봉지 더!"

둘은 씩씩거리며 스마트폰으로 영화의 해석을 검색하기 시작했습니다. 영화의 결말에 대해서 다투는 것은 보람이와 우진이 둘뿐만이 아니었습니다. 보람이와 같은 생각을 하는 사람도 많았고, 우진이와 같은 해석을 하는 사람도 여럿 있었습니다. 둘은 서로가 옳다며 우기다가, 감독의 인터뷰를 발견했습니다.

"야, 아이스크림 딱 대기해! 지금 감독 인터뷰 찾았어!"

"어디 한번 봐봐. 공짜 아이스크림 땡큐!"

> 기자 : … 다음으로 영화의 결말에 대해 물어보지 않을 수 없네요. 많은 분들이 궁금해하시는 내용을 제가 대표로 감독님께 여쭤보겠습니다. 주인공은 마지막에 죽은 건가요, 아니면 살아서 집으로 돌아가는 건가요?
>
> 감독 : 정말 많은 분들이 질문을 해주셨습니다. 저의 아내도 궁금해하더라고요. 바로 말씀드리자면, 결말은 제가 정하지 않았습니다. 열린 결말이라고 해 두지요. 관람객들께서 생각하시는 것이 바로 정답입니다.

"뭐야 이게? 죽었다는 거야 살았다는 거야?"
"야, 아무튼 나는 맞았으니까, 아이스크림 사줘!"

같은 영화를 봐도 친구와 나의 해석이 완전히 다를 때가 있습니다. 영화를 이해하는 과정에서 이를 자신의 경험과 지식에 비추어 해석하기 때문입니다. 지식도 마찬가지입니다. 사람들은 지식을 있는 그대로 받아들이는 것이 아니라 스스로 구성하여 의미를 만들어냅니다. 틀린 해석이 아니라 다른 해석인 것입니다. 13장에서는 사람들이 스스로 지식을 구성해 나가는 구성주의 학습이론에 대하여 이야기해 보겠습니다.

지식은 절대불변할까?

2006년 8월, 국제천문연맹의 학자들이 체코 프라하에 모였습니다. 그들은 열띤 논쟁 끝에 전 세계인을 깜짝 놀라게 할 중대발표를 하는데요, 바로 태양계의 마지막 행성이었던 명왕성의 행성 지위를 박탈하기로 결정한 것입니다. 명왕성의 퇴출은 교육 현장에서도 엄청난 혼란을 가져왔습니다. 수많은 교과서와 문제지의 내용이 수정되었고 일부 학교에서는 시험문제에 대한 이의신청이 발생하기도 했습니다. 절대적으로 옳다고 여겨지던 지식이나 개념이 폐기되거나 수정되는 일은 역사 속에서 종종 있었습니다. 16세기까지만 해도 사람들은 지구가 우주의 중심이고 태양과 다른 별들이 지구 주위를 공전한다고 믿었습니다. 17세기까지 사람들은 물고기가 하천 바닥의 진흙에서 생겨난다고 믿었습니다. 하지만 21세기인 지금, 대부분의 사람들은 지동설과 생물속생설을 지지합니다. 오늘날 우리가 절대적으로 옳다고 여기는 지식도 어쩌면 하나의 가설에 불과한 것입니다.

구성주의가 등장하기 이전, 사람들은 지식이 고정불변하며 절대적인 진리가 있다고 생각했습니다. 하지만 구성주의를 지지하는 학자들은 지식이 상대적이라고 말합니다. **구성주의**Constructivism에 의하면, 지식이나 규범은 시대에 따라 혹은 사회에 따라 달라지며 심지어 개개인에 따라 달라진다고 합니다. 예전엔 버스에서 담배를 피울 수 있었지만 지금은 불가능합니다. 우리나라에서는 집 안에서 신발을 신지 않지만 미국에서는 신발을 신고 침대에 올라가기도 하지요.

구성주의 학습이론

구성주의에서 지식은 '발견'되거나 '전달'되는 것이 아니라 '구성'된다고 여겨집니다. 전통적인 수업 방식이 교사가 일방적으로 객관화된 지식이나 진리를 전달하는 것이었다면, 구성주의는 학습자가 스스로 지식을 구성할 수 있는 환경을 제공합니다. 교사 중심의 강의식 수업이 문제해결이나 프로젝트식 수업 등의 학습자 중심 수업으로 방식이 바뀌는 것입니다. 교육학에서 말하는 구성주의는 학습에 대해서 다음과 같은 입장을 취합니다.

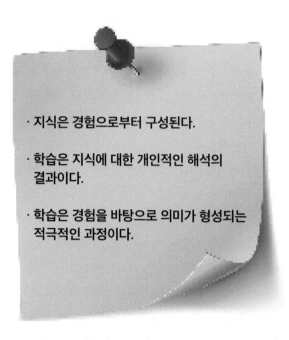

·지식은 경험으로부터 구성된다.

·학습은 지식에 대한 개인적인 해석의
 결과이다.

·학습은 경험을 바탕으로 의미가 형성되는
 적극적인 과정이다.

    학습자는 새로운 지식을 접할 때, 자신이 기존에 가진 경험을 바탕으로 하여 새로운 지식을 적극적으로 해석합니다. 앞에서 보람이와 우진이가 영화를 전혀 다르게 해석한 것도 이런 이유입니다. 보람이와 우진이가 기존에 가지고 있던 경험이 다르기 때문에, 영화의 해석도 달라지는 것입니다. 구성주의 학습이론은 4차 산업혁명 시대가 요구하는 능동적이고 역동적인 인재의 양성에 더 적합합니다. 활동 중심 수업을 통해 유연성, 창의성과 문제해결능력, 비판적 사고력등 다양한 역량을 기를 수 있습니다.

	전통적 학습이론	구성주의 학습이론
수업의 중심	교사 중심	학습자 중심
지식관	절대적 지식	상대적 지식
수업 방식	강의식	문제해결, 프로젝트식 수업 등
학생의 태도	수동적	능동적
수업의 목적	보다 효율적으로 지식을 전달	학습이 일어날 수 있는 환경조성

▲ 전통적 학습이론과 구성주의 학습이론의 비교

사회적 구성주의

　구성주의를 주장한 대표적인 학자로 피아제와 비고츠키가 있습니다. 피아제의 이론에 대해서는 앞서 7장에서 이야기해보았습니다. 피아제는 아동이 물리적 환경과의 상호작용을 통해 스스로 지식을 구성하여 인지발달을 이룬다고 주장하는 반면, **비고츠키**Lev Vygotsky는 아동이 타인과의 상호작용을 통해 지식을 구성한다고 주장하였습니다. 그래서 비고츠키의 이론을 **사회적 구성주의**social constructivism라고 부릅니다. 아동은 자신보다 유능한 사람(친구나 선생님 등)과 상호작용할 때 학습과 인지발달이 촉진됩니다. 그러므로 혼자 공부하는 것보다는 유능한 사람과 함께 공부하는 것이 유리합니다. 학교 안팎에서 튜터링이나 교육봉사를 하거나, 혹은 친구들에게 어려운 개념을 설명해주는 학생들이 많습니다. 튜티(tutee, 수업을 받는 학생)는 튜터(tutor, 가르치는 학생)의 도움으로 학습에 많은 도움을 얻을 수 있습니다. 하지만 튜터링이 튜티에게만 유익한 것은 아닙니다. 튜터 역시 가르치면서 큰 도움을 얻을 수 있습니다. 친구에게 어려운 문제를 설명해주면서 머릿속의 개념이 명확해지는 것을 느낀 적이 있나요? 비고츠키는 언어가 사고의 도구이며, 언어가 학습과 인지발달에 큰 도움을 줄 수 있다고 했습니다. 친구에게 어려운 개념을 설명하면서 자연스레 머릿속의 개념을 언어로 풀어내는데 이 과정을 통해 개념에 대해 더 깊게 이해할 수 있습니다.

　세상에 있는 모든 문제는 두 그룹으로 나뉠 수 있습니다. '내가 풀 수 있는 문제'와 '내가 풀 수 없는 문제'가 그것입니다. 하지만 비고츠키는 또 다른 그룹을 제안했습니다. '혼자는 풀 수 없지만 도움을 받았을 때 풀 수 있는 문제'입니다. 학습자가 혼자 해결할 수는 없지만, 친구나 선생님의 도움을 받아 해결할 수 있는 영역을 **근접발달영역**zone of proximal development이라고 합니다.

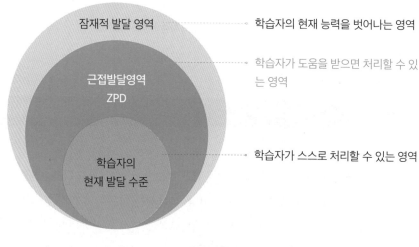

▲ 근접발달영역

　근접발달영역은 '학습자의 현재 발달 수준'과 '잠재적 발달 영역' 사이에 있습니다. 중간고사나 기말고사 시험 중에는 선생님이나 교과서의 도움을 받을 수 없지요? 이런 시험은 '학습자의 현재 발달 수준'을 측정합니다. 하지만 학습자의 지적 잠재력을 측정하기 위해서는 근접발달영역을 고려한 평가를 실시해야 합니다. 학교에서 선생님의 도움과 피드백을 받는 수행평가가 바로 이런 역동적 평가에 해당합니다. 학습의 효과를 극대화하기 위해서 수업은 주로 근접발달영역 안에서 일어나야합니다. 프로젝트나 과제 역시 혼자서 해결할 수 없지만 도움을 받으면 해결할 수 있는 범위 내에서 제시되어야 합니다. 이때, 선생님의 역할은 매우 중요합니다. 선생님은 처음에 학습자에게 많은 도움을 주다가, 점차 도움을 줄입니다. 마지막엔 학습자 스스로 문제를 해결할 수 있도록 합니다.

이런 면접 어때요?

※ 다음 제시문을 읽고 면접 문항에 답하라(예상 소요 시간 : 10분)

　'거꾸로 교실'이라고 불리는 플립러닝(flipped learning)이 새로운 교육 트랜드로 주목받고 있다. 플립러닝은 온라인을 통한 선행학습을 실시하고, 오프라인 강의에서는 토론과 질문 위주의 학생 중심 활동을 진행하는 역진행 수업 방식을 의미한다. 플립러닝을 통해 얻을 수 있는 공부의 효과를 크게 다섯 가지로 정리할 수 있다. 첫째, 학생 스스로 학습 동기를 가지고 자율적, 능동적으로 공부하는 힘을 기를 수 있다. 둘째, 수업의 참여도가 높아지고 의사소통 능력이 향상된다. 셋째, 컴퓨터나 스마트폰의 활용 목적 등이 게임에서 학습으로 변화할 수 있다. 넷째, 친구들과 선생님의 의견을 주고받을 수 있어서 인성교육에도 도움이 될 수 있다. 다섯째, 모둠활동이나 조별 협력학습을 통해 협동심과 책임감을 기를 수 있다.

　우리나라의 경우 카이스트, 울산과기대, 서울대가 이 방식을 도입해 시행하고 있다. 플립러닝은 다양한 학습 방식을 허용하고 유연한 학습 공간을 창조한다는 의미의 '융통성 있는 환경', 학습자 중심으로 변하는 '학습문화'나 교수자의 정교한 수업 설계에 의한 의도성을 가진다는'의도적 학습 내용', 교수자가 교육학적 지식뿐만 아니라 기술에 대한 전문적 소양도 갖추어야 함을 의미하는 '전문적인 교육자' 등의 특성이 있다.

　대학뿐만 아니라 초·중등학교에서도 플립러닝을 확대 시행하려는 움직임이 있다. 플립러닝을 위해서는 가정에서도 올바른 교육지도가 필요하다. 수업 전 반드시 사전 학습을 하도록 격려하고 일정 시간 꾸준히 학습할 수 있도록 확인해야한다. 또한, 소극적인 학생이라면 보다 적극적으로 학습에 임할 수 있도록 지도가 필요하다. 평소 가족들끼리도 다양한 주제에 관해 이야기를 나누며 토론, 발표 연습을 해 보는 것이 좋으며 동영상 강의를 시청한 후 부족한 부분에 대해서는 개별 학습을 통해 충분하게 이해할 수 있도록 하는 것이 중요하다(교육부 거꾸로 교실 정책 자료집 참조).

01. 강의식 수업과 비교하여 플립러닝을 통해 얻을 수 있는 효과에 대해 설명하시오.

02. 초등학생의 특성을 고려할 때, 초등교육에 플립러닝을 적용한다면 어떤 점을 주의해야 할지 설명하시오.

생각 보태기

　대표적인 구성주의 교수학습법 중 하나인 플립러닝(거꾸로 수업)에 대한 이해와 더불어 초등학생들의 특성을 잘 파악하고 있는지를 확인하는 면접 문항입니다. 플립러닝은 기존의 수업과 달리 수업 이론에 대한 핵심 영상을 미리 시청한 후, 학교에서 토론 등의 학생 중심 활동을 하고 교사의 피드백을 받는 것입니다. 단순히 수업 이론을 전달하는 데서 그치지 않고 학생들이 다양한 활동을 통해 스스로 의미를 구성할 수 있습니다. 하지만 초등학생에게 플립러닝을 그대로 적용하는데는 한계가 있습니다. 초등학생들의 집중력 문제 때문입니다. 코로나19로 인한 원격수업시, 초등학생들이 비대면수업에 어려움을 겪은 사례가 매우 많았습니다. 초등학생들은 장시간 TV나 컴퓨터 앞에 앉아있는 것 자체를 어려워하였고, 일부는 잦은 영상 시청으로 인해 미디어 중독에 빠지기도 하였습니다. 중·고등학교 학생들보다 더 많은 교사의 손길을 요구하는 초등학생의 특성을 잘 고려하여, 플립러닝을 수정할 필요가 있습니다.

03
학습이론

답변 도우미

01. 강의식 수업은 가장 오래된 교수방식으로 지식을 효율적이고 효과적으로 학생들에게 전달할 수 있다는 장점이 있습니다. 플립러닝(거꾸로 수업)은 강의식 수업의 장점인 '효과적 지식 전달' 뿐만 아니라 '학생 중심의 활동'을 포함합니다. 플립러닝은 '수업 전 핵심 영상 시청'과 '학생 중심 활동'의 두 단계로 이루어집니다. 수업 전 핵심 영상 시청을 통해 효과적으로 지식을 전달받고, 다양한 학생 중심 활동을 통해 스스로 지식을 구성할 수 있습니다. 강의식 수업이 단순한 지식 전달에 그쳤다면, 플립러닝은 배운 내용을 다양한 상황에 적용하고 스스로 지식을 구성하는 과정을 거치기 때문에 학생들이 지식과 개념을 더 깊게 이해할 수 있습니다.

02. 중·고등학생들과 비교하였을 때, 초등학생들은 영상 시청은 고사하고 장시간 컴퓨터 앞에 앉아 있는 것 자체를 매우 어려워합니다. 코로나19 사태로 인한 원격수업 기간 중 많은 가정에서 이를 경험할 수 있었습니다. 플립러닝(거꾸로 수업)이 매우 효과적이기는 하지만, 초등학생들에게 적용하기 위해서는 약간의 수정이 필요합니다. 저는 다음과 같이 두 가지 보완책을 제안합니다. 첫째, 수업 전 핵심 영상 시청을 학교 교실에서 실시할 수 있습니다. 초등

학생들은 자기 관리 역량이 부족하고 집중할 수 있는 시간이 짧기 때문에 선생님의 직접적인 관리가 필요합니다. 수업 전 집에서 보고 와야 하는 핵심 영상 시청을 교실에서 실시한다면 이 문제를 해결할 수 있습니다. 둘째, 핵심 영상의 길이를 짧게 해야 합니다. 핵심 영상의 길이를 짧게 함으로써 이후 활동에 필요한 시간을 확보할 수 있을 뿐만 아니라, 학생들이 집중력을 유지하고 영상을 볼 수 있도록 합니다. 아무리 좋은 교수법도 학습자의 특성을 고려하지 않으면 무용지물입니다. 초등학생의 발달 수준과 특성을 고려하였을 때, 플립러닝은 더 큰 효과를 나타낼 것입니다.

14장
귀인이론

종현이와 건도는 오늘 학원을 거르고 피시방에 갔습니다. 수행평가로 인한 스트레스를 풀러 갔지만, 지금 막 한 게임을 져서 오히려 스트레스가 쌓이는 느낌입니다. 이런, 이번 게임도 전세가 좋지 않습니다. 늘 그렇듯 종현이는 빠르게 키보드를 두드리며 '남 탓을 시전'합니다.

"아, 진짜 우리 편 정글 뭐해? 게임 다 말아먹네."

건도가 보기에 종현이도 썩 잘한 것 같지는 않지만, 아무 말도 하지 않았습니다. 종현이는 평소에도 남 탓을 자주 합니다. 오늘 학원을 거르고 피시방을 몰래 간 것도, 수행평가로 남 탓을 하다 친구들과 다퉈서입니다. 조별 수행평가 점수가 낮게 나오자, 종현이는 으레 하던 대로 '남 탓을 시전'했고 그만 싸움이 나고 말았습니다. 한 번은 건도가 진지하게 물어본 적이 있습니다.

"야, 남 탓 좀 그만해. 왜 그렇게 남 탓을 하냐?"
"나도 모르겠어. 습관인 것 같아. 남 탓하면 그래도 마음이 편한 것 같기도 하고."
"남 탓만 하니까 공부든 게임이든 실력이 안 늘지. 네 탓이면 반성하고 얼마나 열심히 연습하겠어?"
"우리 엄마도 맨날 그런 말씀 하시는데. 아, 그런가? 내가 남 탓만 해서 실력이 그대로인가 봐!"

여러분도 게임에서 졌을 때 남 탓을 해 본 적이 있나요? 우리 속담 중에 '잘되면 내 탓, 못되면 조상 탓'이라는 말이 있습니다. 이로 미루어 보아, 우리 조상들도 예로부터 '남 탓'을 많이 한 것으로 생각됩니다. 이것은 비단 한국인만의 특성이 아닙니다. 서양 속담에도 실수를 하면 개를 탓한다거나, 대장장이가 연장을 탓한다는 말이 있으니까요. 남 탓을 하면 순간적으로는 마음이 편해집니다. 하지만 사소한 남 탓이 모이고 쌓여, 언젠가 여러분의 발목을 잡을 수 있다면 믿을 수 있나요? 이번 14장에서는 '남 탓'의 위험성에 대해서 이야기해 보겠습니다.

귀인이론

사람들은 어떤 결과를 받았을 때, 특히 나쁜 결과를 받았을 때 그 원인을 추리해보는 경향이 있습니다. 시험에 낮은 점수를 받았거나 목표했던 체중 감량에 실패하면 그 원인을 되짚어보지요. 이를 교육학 용어로 **귀인**歸因, attribution이라고 합니다. 귀인은 일종의 변명이라고 볼 수 있는데, 어떤 행동이나 결과의 원인을 찾는 것을 의미합니다. 귀인을 어떻게 하느냐에 따라 앞으로의 동기에 영향을 끼치고, 멀리는 미래의 성공 또는 실패를 좌우할 수 있습니다.

여러분의 수학 성적이 떨어졌다고 가정해보겠습니다. 여러분은 크게 다음과 같이 4가지 요인으로 수학 성적 하락을 귀인할 수 있습니다. 수학 성적이 떨어진 원인이 나에게 있는지, 혹은 외부에 있는지에 따라 원인 소재를 구분할 수 있고, 스스로의 힘으로 바꿀 수 있는지에 따라서 변화 가능성을 구분합니다.

원인소재 변화가능성	내부	외부
변화불가	능력	과제난이도
변화가능	노력	운

▲ 귀인 요인

능　력 : 능력은 사람의 내부적인 문제로 쉽게 바꿀 수 없습니다. IQ처럼 '타고나는 것'에 가깝기 때문에 변화가 어렵죠. 수학 성적이 떨어진 것을 '능력'으로 귀인 한다면, 미래에 수학 점수가 반등할 확률은 적습니다. 노력해도 안 된다는 생각을 하게 되고 결국은 수학을 포기하게 될 수 있습니다.

노　력 : 노력은 능력처럼 사람의 내부적인 문제이지만, 변화가 가능합니다. 노력이 부족해서 수학 성적이 나오지 않는다면 당장 공부시간을 두 배로 늘리면 되지요. 성적이 떨어진 것을 노력으로 귀인 한다면 미래에는 수학 점수가 오를 여지가 있습니다. 수학 공부를 더 열심히 해야 할 동기가 생깁니다.

난이도 : '남 탓'에 해당하는 과제 난이도입니다. 시험이나 과제의 난이도는 선생님이 정하는 것이기 때문에 외부적 요소입니다. 성적이 떨어진 것을 난이도로 귀인 한다면 수학 성적이 떨어져도 선생님만 원망할 것입니다. 앞으로도 수학 성적이 오를 확률은 높지 않겠군요.

운　 : 가끔씩 운이 좋을 때가 있습니다. 하지만 운(luck)은 사람이 정하거나 예측할 수 없습니다. 운은 외부적 요소이고 언제 어떻게 바뀔지 모릅니다. 불운이 따를 수도 있지요. 운이 나빠서 수학 점수가 좋지 않았다고 귀인 한다면 수학 점수를 올리기 위해 내가 할 수 있는 것은 아무것도 없습니다. 앞으로도 요행을 바라야겠지요. 마찬가지로 미래에 수학 성적이 오를 확률은 낮습니다.

위의 네 가지 요인 중, 스스로의 힘으로 변화시킬 수 있는 것은 '노력'뿐입니다. 연구 결과에 따르면, 실패의 원인을 노력으로 귀인 하는 학생은 다른 학생들에 비해 미래에 성공의 가능성이 훨씬 더 높았습니다. 반면에 실패의 원인을 능력으로 귀인하는 학생은 무력감에 빠져 과제를 포기할 확률이 높았습니다.

실패에 대한 귀인뿐만 아니라 성공에 대한 귀인도 중요합니다. 성공에 대한 귀인을 교육현장에서 어떻게 적용할 수 있는지 이야기해보겠습니다. 지민이는 초등학교 입학 후 처음으로 받아쓰기 시험을 쳤고, 기특하게도 만점을 받았습니다. 어머니는 당연히 기분이 좋겠지요. 아래에 있는 네가지 유형의 칭찬은 미래 지민이의 학습에 어떤 영향을 끼칠 수 있을까요?

① 열심히 동화책 읽더니 시험 만점받았구나. 잘했어!
② 지민아, 너 천재인가봐! 역시 내 아들 머리가 좋아. 잘했어.
③ 받아쓰기 문제가 쉬웠나 보네? 잘했어!
④ 운이 좋구나, 만점을 다 받다니. 잘했어!

③, ④번은 각각 과제 난이도와 운에 귀인을 한 것으로 칭찬이라기보다는 조소에 가깝습니다. 칭찬으로 적절하지 않군요. 이에 반해 ①번은 노력에 귀인 한 적절한 칭찬법입니다. 이런 칭찬을 받을 경우, 지민이는 자연스레 자신의 성적이 '노력'에서 귀인 하였다고 생각하고 앞으로도 성공을 위해 노력할 것입니다. 하지만 ②번은 어떤가요? 아주 많은 부모들이 ②번과 같은 칭찬을 하지만, 사실 이런 칭찬은 교육학적인 관점에서 바람직하지 않습니다. 자녀를 '천재'라고 칭찬하면 당장은 자녀의 기분이 좋을 수 있지만, 능력에 대한 귀인은 자칫 부정적인 결과를 불러올 수 있습니다. 지민이가 혹시나 고등학교 즈음에 실패를 경험하게 되면, '나는 내가 천재인 줄 알았는데 그게 아니었구나'라고 생각하고 무력감을 느낄 수 있습니다. 아예 공부를 포기할 수 있지요. 이와 반대로, '자신의 머리가 좋다는 것'이 거짓으로 드러나는 것을 두려워하여 의도적으로 어려운 과제를 피하거나, 의도적으로 시험공부를 하지 않을 수 있습니다. 시험 성적이 떨어졌을 때 스스로에게 '나는 능력이 부족해서 시험을 못 친 것이 아니라, 일부러 공부를 안 해서 성적이 떨어진 거야'라고 자기합리화를 할 것입니다.

"내 능력이 부족한 게 아니야,
내가 일부러 공부를 안 한 거야!"

적절한 귀인은 과업에 대한 학생의 태도를 바꿀 수 있고, 학생의 태도는 인생을 변화시킬 수 있습니다. 동일한 출발 선상의 두 학생이 서로 다른 귀인으로 피드백을 받았을 때, 10년 뒤 두 학생의 삶은 완전히 다를 수 있습니다. 여러분도 미래에 교사가 되었을 때, 귀인 이론을 잘 적용하여 학생에게 동기를 부여하고 선한 영향력을 줄 수 있기를 바랍니다.

이런 면접 어때요?

※ 다음 제시문을 읽고 면접 문항에 답하라(예상 소요 시간 : 10분)

[가]

종현: 요즘 기분도 안 좋고 수업에 집중하기가 어려워요. 사실, 엊그제 영어 수행평가 발표가 있었는데 완전히 망쳐 버렸어요. 반 아이들 앞에서 실수를 했거든요.

교사: 친구들 앞에서 실수를 해서 많이 속상했겠구나. 왜 실수를 했을까?

종현: 누구를 탓할 게 없어요. 제가 준비를 덜 해서 그런 것 같아요. 그래도 오기가 생기네요.

교사: 수행평가가 한 번 더 남았지? 다음 수행평가에서는 어떻게 할 작정이야?

종현: 그때는 지금보다 두 배는 더 준비를 할 거에요. 제 진짜 실력을 보여주고 싶어요.

[나]

건도: 선생님, 잠깐 상담 해주실 수 있나요?

교사: 응 여기 앉으렴. 무슨 일이니?

건도: 제가 영어 중간고사를 망쳤었잖아요.

교사: 조금 아쉬운 점수였지? 선생님도 기억하고 있어.

건도: 제가 그때 선생님께 말씀 드렸잖아요, 제가 영어에 소질이 없는 것 같다고…. 그런데 선생님께서 절대적인 공부시간이 부족하다고 하셨거든요

교사: 응 맞아, 건도가 영어공부를 조금만 더 하면 좋을 것 같다고 말했지.

건도: 네, 그래서 선생님 말씀대로 영어 학습시간을 두 배로 늘렸어요. 그렇게 한 달 동안 열심히 공부했거든요. 그런데도 성적이 제자리인 것 같아서 답답해요. 이렇게 해도 안 되면 저는 정말 어떡하죠? 진짜 영어에 소질이 없는 걸 까요?

01. 종현이가 자신의 실패를 어느 요소에 귀인하고 있는지를 설명하시오.

02. 건도의 경우, 실패를 노력에 귀인하였음에도 결과가 좋지 않았다. 건도에게 해줄 수 있는 조언을 생각해보시오.

생각 보태기

　귀인 이론에 대한 이해를 바탕으로 실제 상황에서 귀인을 분석할 수 있는지를 평가하는 문항입니다. 귀인 요인을 원인 소재(내부와 외부)와 변화 가능성(가능과 불가능)에 따라 구별하고, 이를 바람직한 방향으로 귀인할 수 있도록 극복 방안을 제시할 수 있습니다. 내담 학생의 실패 요인을 내부적 변화 가능 요인인 '노력'으로 귀인하도록 지도하면 미래의 성공 가능성을 높이고 학습 동기를 부여할 수 있습니다.

답변 도우미

01. 종현이는 수행평가를 망친 원인을 '노력'으로 귀인하고 있습니다. '노력'은 원인 소재가 종현이의 내부에 있고 변화 가능성이 있습니다. 종현이는 자신의 말처럼 미래에 더 노력하여 수행평가를 준비할 것이며 다음 영어 수행평가에서 성공할 가능성이 높습니다.

02. 건도는 영어 시험 실패의 원인을 최초에 '능력'으로 귀인하였습니다. '능력'은 원인 소재가 건도의 내부에 있지만 변화 가능성이 희박합니다. '능력'에 귀인한다면 거듭된 실패를 경험한 뒤 영어 공부를 포기할 수 있습니다. 최초의 상담에서, 교사는 건도의 실패를 '능력'이 아닌 '노력'으로 수정하였습니다. 이에 따라, 건도는 성적 향상에 대한 희망을 가지고 영어 공부를 더 열심히 할 수 있었습니다. 하지만 건도와 마찬가지로 노력했음에도 성적이 오르지 않는 경우가 발생합니다. 이럴 경우, 교사는 실패의 원인을 '노력'이 아닌 '전략'으로 수정할 수 있습니다. 학생이 진정 노력했음에도 실패한다면 이것은 '전략', 즉 '공부하는 방법'에 문제가 있는 것입니다. 교사는 학생과의 심층 상담과 공부 방법 분석을 통해 학생의 학습전략을 수정하고, 학습 방법에 대한 다양한 조언을 해줄 수 있습니다. 드문 경우이지만 '전략'으로의 귀인 수정 이후에도 학생이 실패할 수 있습니다. 이런 경우에는 학생의 상황을 종합적으로 고려하여 심층 상담을 진행한 후, 조심스럽게 학생의 목표를 변경하도록 할 수 있습니다.

15장
시험과 평가

드디어 고등학교 첫 중간고사가 끝났습니다. 중학생 땐 중간고사가 끝나면 숨 돌릴 여유가 있었지만 올해는 수행평가 준비로 쉴 틈이 없습니다. 수정이의 수첩에는 각 과목의 수행평가 날짜와 그 내용이 빼곡히 적혀있습니다. 한참 수첩을 보던 수정이는 길게 한숨을 쉽니다.

"어휴. 일주일만 쉬다가 수행평가 시작하면 좋겠어. 이게 진정 고등학생의 삶인가?"

짝꿍 진영이가 대답합니다.

"그러게. 수업 끝나고 떡볶이 먹으러 가자. 스트레스는 매운 음식으로 풀어줘야 해. 방과 후에 같이 수학 수행평가 준비할래? 나 수학 중간고사를 망쳐서 수행평가는 꼭 만점 받아야 해. 이러다가 3등급도 위험할 것 같아."
"그럼 떡볶이는 네가 사는 거다?"

이윽고 영어권문화 선생님이 교실에 들어오십니다. 선생님은 시험문제에 대한 간단한 해설 후에, 중간고사 결과에 대해 말씀하십니다.

"얘들아, 영어권문화는 진로 선택과목이라 절대평가인거 알지? 기말고사와 수행평가 점수를 합쳐서 80점만 넘기면 누구나 A를 받을 거야. 그런데 너네 반은 C가 속출하겠구나. A등급 많이 나와도 선생님은 괜찮으니까, 선생님 걱정하지 말고 공부도 좀 하고 그러렴."

선생님의 말씀을 듣고 진영이가 수정이에게 속삭입니다.

"야, 영문 절대평가였어? 나는 상대평가인 줄 알고 밤새우며 공부했는데…. 영문 공부 조금만 덜 하고 그 시간에 수학을 좀 더 볼걸!"
"진짜 몰랐어? 너 웃겨 진짜."
"아… 그건 그렇고 수행평가는 왜 이렇게 많이 하는지 모르겠어. 그냥 깔끔하게 전부 지필고사로 성적 내면 안 될까? 그게 훨씬 깔끔할 것 같은데. 아무튼 이놈의 시험, 시험 없는 나라에서 살고 싶다!"

그때, 선생님이 떠들고 있는 진영이를 부르셨습니다.

"오, 송진영! 전교 하나뿐인 영어권문화 만점자! 그래도 수업 시간에 떠드는 건 안돼. 무슨 재밌는 이야기를 둘이서만 속닥거리고 있었니?"

교실은 웃음바다가 되고 진영이는 머쓱하게 머리를 긁습니다. 이윽고 선생님은 영어권문화 수행평가에 대한 공지를 하십니다. 진영이의 나지막한 한숨 소리가 들립니다.

여러분이 잘 아는 것처럼, 학교에서는 다양한 방식의 평가가 이루어집니다. 대표적으로 지필고사와 수행평가가 있고, 지필고사 또한 상대평가와 절대평가 방식으로 구분 할 수 있지요. 왜 학교에서는 번거롭게 여러 가지 방식으로 학생들을 평가할까요? 여러분도 진영이처럼 수행평가가 없어졌으면 좋겠다고 생각한 적이 있나요? 이번 15장에서는 학교에서 사용되는 다양한 평가와 이를 사용하는 목적에 대해서 이야기해 보겠습니다.

평가의 목적

목표가 없이 공부하는 것은 목적지 없이 버스를 탄 것이나 다름없습니다. 서론에서 언급된 영어권문화를 포함한 모든 교과에는 **학습 목표**learning objectives가 있습니다. 영어권문화를 한 학기 동안 배운 이후, 성취할 것으로 기대되는 것들이 바로 학습 목표입니다. 수업이 끝난 후 학습목표가 달성되었는지 어떻게 알 수 있을까요? 여기에서 평가가 등장합니다. **평가**evaluation란 학생의 수행에 대하여 양적·질적 측정과 가치판단을 포함한 의사결정을 내리는 것입니다. 학생들이 학습목표에 잘 도달하였는지 확인하거나 학습목표에 도달하도록 촉진하기 위해, 혹은 영어권문화와 관련된 여러 유형의 능력을 측정하기 위해 다양한 평가를 사용합니다. 이외에도 능력에 따라 학생들을 선발하고 변별하기 위한 목적도 있습니다. 선발과 관련한 내용은 16장 교육사회에서 다루도록 하겠습니다.

다양한 시험 유형

우리는 학교에서 여러 과목을 공부합니다. 각 과목들의 학습목표와 고유한 특성이 다르기 때문에 평가 방법도 당연히 달라야 합니다. 의자에 앉아 시험문제를 푸는 것만으로는 체육 능력이 얼마나 뛰어난지 가늠할 수 없지요. 세 가지 방식으로 평가를 구분해 보겠습니다.

03
학
습
이
론

절대적인 기준의 유무에 따라 구분한 평가

	준거지향평가 (절대평가)	규준지향평가 (상대평가)
특징	· 절대기준 평가, 목표 지향적 평가 · 학습 목표의 달성 정도에 따라 학습 결과가 결정되는 평가	· 개인차 변별에 목적을 두는 평가 방법 · 소수의 우수자 선발에 적합함 · 스테나인 점수 등으로 표시
장점	· 진정한 의미의 학습 효과 판정이 가능함 · 지적 성취의 평등성과 가능성을 강조함	· 개인차 변별에 적합함 · 경쟁을 통한 외재적 학습동기를 유발하는 데 적합함
단점	· 평가의 기준이 되는 절대기준을 정하는 것이 어려움 · 외재적 동기를 유발하는 데 적합하지 못함 · 개인차 변별이 용이하지 못함	· 진정한 의미의 학습효과 판정이 불가능함 · 경쟁심을 조장함 · 학습목표 달성에 대한 정보를 제공해 주지 않음

우리가 흔히 말하는 절대평가와 상대평가에 대한 설명입니다. 먼저 준거지향평가에 대해 설명해보겠습니다. **준거지향평가** 혹은 **절대평가**absolute evaluation는 학생의 학업성취도를 절대적인 기준에 비추어 평가하는 방법을 뜻합니다. 앞서 진영이가 만점을 받은 영어권문화의 경우, 선생님은 미리 절대적인 기준(80점)을 세워두셨습니다. 이 기준을 넘어서면 누구나 A등급을 받을 수 있습니다. 수능 영어 영역도 마찬가지입니다. 90점만 넘으면 누구나 1등급을 받을 수 있지요. 절대평가는 위에서 말한 특징 외에, 학생들 간의 경쟁을 줄여 학습 부담을 줄일 수 있다는 장점도 있지만 그만큼 학생들이 공부를 덜 하게 된다는 우려도 있습니다.

규준지향평가, 혹은 **상대평가**relative evaluation는 학생의 학업성취도를 다른 학생의 성취와 비교하여 집단 내에서 상대적인 위치로 평가하는 방법을 뜻합니다. 절대평가와는 달리 절대적인 평가 기준이 없습니다. 오로지 학생들 간의 상대적인 위치만 알 수 있지요. 흔히 쓰이는 스테나인 점수에 의하면 상위 4%만 1등급을 받을 수 있습니다. 이러한 평가방식은 우수한 학생 선발에 용이하지만, 학생들의 과도한 경쟁심과 학습 부담을 가중할 수 있다는 단점이 있습니다. 또한 상대평가의 결과로는 절대적인 학습 수준을 확인할 수 없습니다. 전교생이 천명이 넘는 큰 학교의 1등과, 전교생이 60명인 작은 학교의 1등은 상대평가에 따르면 모두 1등급이지만 절대적인 학습 수준은 다를 수 있지요.

시험을 치루는 시기에 따라 구분한 평가

	진단평가	형성평가	총합평가
시기	· 학습이 시작되기 전	· 학습 중	· 학습이 끝난 이후
목적	· 학생의 특징, 사전학습 정도 등을 파악하고 수업 계획을 수립하기 위함	· 학생에게 피드백을 통해 학습을 도움 · 교사의 수업을 개선함	· 학습 목표의 달성을 확인하기 위함 · 성적을 결정함
특징	· 배치고사, 레벨테스트에 해당함	· 수업 중 쪽지시험, 단원평가에 해당함	· 중간고사, 기말고사에 해당함

시험을 치루는 시기에 따라서 평가를 구분할 수 있습니다. **진단평가**diagnosis evaluation 는 의사가 환자를 진단하는 것 처럼, 수업을 시작하기 전 학생의 사전지식, 학습 장애요인 등을 파악하기 위한 시험입니다. 고등학교 입학 시에 치르는 배치고사나 레벨테스트 등이 이에 해당합니다. **형성평가**formative evaluation는 학습이 이루어지는 중에 실시됩니다. 일반적으로 평가의 결과는 최종 성적에 반영하지 않습니다. 형성평가는 학생의 학습 상황과 진전을 점검하고 교사의 수업 방식 등을 개선하기 위해 실시됩니다. **총합평가**summative evaluation는 학습이 끝난 이후에 실시합니다. 중간고사와 기말고사에 해당하며 여러분의 최종 성적을 판정합니다. 또, 학습 목표가 최종적으로 달성되었는지를 확인할 수 있습니다.

학생의 능력을 기준으로 한 평가

	능력참조평가	성장참조평가
특징	능력 대비 얼마나 최선을 다했는지를 평가함	교육을 통해 얼마나 성장하였는가에 비추어 평가함

아무리 노력해도 넘어설 수 없는 친구가 하나쯤 있을 것입니다. 겨우 그 친구를 이겨도, 또 다른 친구가 여러분을 기다리고 있지요. 중요한 것은 '친구를 이기는 것'이 아니라, '어제의 나를 넘어서는 것'입니다. 이처럼 학생의 성장에 초점을 맞추는 평가방법이 있습니다. **능력참조평가**ability referenced evaluation는 학생이 현재 지니고 있는 능력에 비추어 얼마나 최선을 다했느냐에 초점을 두어 평가합니다. **성장참조평가**growth referenced evaluation는 학생의 학습 전·후의 평가를 비교하여 학습 후 얼마나 성취하였는지에 초점을 두는 평가입니다. 이러한 평가방식은 다른 학생들과의 경쟁에 지친 중하위권 학생들에게 학습동기를 불러일으킬 수 있으며 개별화된 교육을 제공할 수 있다는 장점이 있지만 신뢰도에 문제가 있다는 단점이 있습니다.

이번 장에서 우리는 다양한 평가의 종류와 그 목적에 대해 배워보았습니다. 이제 여러분은 왜 선생님이 번거로움을 감수하며 수행평가나 쪽지시험을 실시하는지 이해할 수 있을 것입니다. 대부분의 학생들이 대학수학능력시험을 최종 목표로 하고 있지만, 수능 시험은 여러분이 치를 많은 시험 중 하나일 뿐입니다. 인생이란 끊임없는 시험의 연속입니다. 하지만 잊지 마세요. 많은 시험들은 결국 여러분을 성장하고 성숙하게 만들 것입니다. 수많은 시험을 앞두고 있는 여러분의 무운(武運)을 빕니다.

이런 면접 어때요?

※ 다음 제시문을 읽고 면접 문항에 답하라(예상 소요 시간 : 10분)

A 교육청에서는 초등학교 평가 방법을 개선하기 위하여 '객관식 평가 폐지' 여부를 논의하기 위해 일선 학교에 의견수렴을 요청하였다. ○○초등학교에서도 객관식 평가 폐지에 대해서 교사 간 많은 토론이 이루어졌다. 김 교사는 객관식 평가 폐지에 적극 찬성하는데, 암기 중심의 문제풀이식 교육에서 벗어날 수 있고, 학생들의 사고 과정을 이해할 수 있다는 것이 그 이유이다. 반면 박 교사는 객관식 평가 폐지를 반대한다. 객관식 평가가 채점의 공정성을 높일 수 있고 학생들의 학업 수준을 명확하게 확인할 수 있다는 이유이다.

01. 김 교사와 박 교사의 의견 중 무엇을 지지하는지 밝히고, 그 이유를 말하시오

생각 보태기

객관식 평가와 주관식 평가의 차이점에 대해 얼마나 깊게 이해하고 있는지를 평가하는 문항입니다. 주관식 평가는 교육의 탄생과 그 역사를 함께 한다고 할 수 있을 정도로 오랜 역사를 자랑합니다. 객관식 평가는 공교육·대중교육의 도입과 많은 사람을 대상으로 하는 표준화된 평가를 위해 현대에 와서야 널리 전파되었습니다. 객관식 평가와 주관식 평가는 그 방법에 차이가 있을 뿐 우열을 가릴 수 없는 필수적인 평가방식입니다. 각 평가 방식의 특징과 그 목적이 매우 뚜렷하기 때문에 조금만 생각을 해보면 어렵지 않게 장·단점을 생각해낼 수 있습니다. 단지 제시문에서 '초등학생을 대상으로 하는 평가'를 전제로 한다는 것을 잊어서는 안됩니다. 정답이 정해져있지 않기 때문에 자신의 교육철학에 따라 객관식과 주관식 평가에 대한 입장을 밝히고 근거를 제시할 수 있습니다.

답변 도우미

[김 교사 지지] 저는 다음과 같은 두 가지 이유로 김 교사와 같이 '객관식 평가 폐지'를 지지합니다. 첫째, 객관식 평가는 한계와 모순이 있습니다. 객관식 평가는 대규모의 학생을 상대로 매우 효율적인 평가방법이지만 평가 방식의 특성 상 부분점수가 없어 학습이 부족한 초등학생들의 학습 동기를 저해할 수 있습니다. 또한 보기를 제시하기 때문에 추측으로 정답을 맞출 가능성이 있어 정확한 평가가 어렵습니다. 둘째, 교육의 목적에 맞는 평가를 하기 위함입니다. 물론 중·고등학교에서는 학생들의 상대적인 성적 분포를 확인해야 할 필요가 있습니다. 하지만 초등학교에서는 주관식 시험과 절대평가를 통해 '절대적인 학습목표 달성'이라는 교육의 본질에 더 가까운 평가를 할 수 있고, 학생들의 학습 성취 수준을 측정할 수 있습니다. 초등학생들에게 객관식 시험을 강요하는 것은 이들을 문제 푸는 기계로 만드는 행위입니다.

[박 교사 지지] 저는 다음과 같은 세 가지 이유로 박 교사와 같이 '객관식 평가 존치'를 지지합니다. 첫째, 학생들의 객관식 평가에 대한 적응을 돕기 위함입니다. 초등학생들은 중학교 입학과 동시에 수많은 객관식 평가와 표준화·대규모 시험을 치러야 합니다. 학생들이 당황하지 않도록, 초등학교에서 충분한 연습과 적응할 시간이 필요합니다. 둘째, 교사의 부담을 덜기 위함입니다. 모든 문제를 주관식으로 한다면 교사의 채점 부담이 커질 수 있습니다. 또한 너무 많은 시험지를 채점하는 경우 피로 누적으로 인한 채점자 내 신뢰도, 많은 교사의 공동채점으로 인한 채점자 간 신뢰도 하락을 우려할 수 있습니다. 적절하게 객관식 시험을 섞어서 치룬다면 교사의 부담을 덜 수 있고 이것은 곧바로 교육의 질 향상으로 이어질 것입니다. 셋째, 시험의 공정성을 유지하기 위함입니다. 주관식 평가와 달리 객관식 평가에서는 교사의 개입을 완전히 차단할 수 있습니다. 요새 교육계의 화두가 되었던 교육의 공정성 보장을 위해서라도 객관식 평가는 유지되어야 할 것입니다.

04

교육과 사회

교육은 공정한가?

16장
교육사회

    오늘은 동아리에서 교육 토론을 하는 날입니다. 두 팀으로 나뉘어 주제에 대해 한 시간 동안 조사를 한 후 찬반 토론을 하는 방식입니다. 오늘의 주제는 '수능 절대평가 도입 확대'입니다. 창우는 반대팀이 되었습니다.

    "오늘은 우리가 무난하게 이길 것 같아. 찬성 쪽 주장은 안 봐도 뻔해. 과도한 교육열이나 교육의 본질 이런 얘기나 하겠지. 그것만 대비하면 문제 없을 거야."
    "응. 교육열 얘기하면 내가 방어할게."

    창우는 자신만만하게 자신의 순서를 기다렸습니다. 토론은 예상대로 진행되었고, 반대팀은 무난하게 토론을 이끌어갔습니다. 창우의 순서가 왔습니다. 창우는 수능 상대평가를 통한 우수학생 선발을 강조하였습니다.

    "수능의 상대평가가 없다면, 우수한 학생들을 객관적이고 공정하게 선발하는 방법을 찾을 수 없을 것입니다. 또한, 현재의 수능 상대평가 시스템은 가장 경제적인 선발 방식이기도 합니다…"

    창우는 자신만만하게 준비한 내용을 마쳤습니다. 창우의 자신만만한 표정은 오래가지 못했습니다. 찬성팀의 수정이가 반박을 시작했기 때문입니다.

"창우 학생은 수능 상대평가가 공정하고 객관적이라고 말씀하셨습니다. 하지만 저는 근본적으로 수능이, 현재 우리의 교육 시스템이 과연 공정하고 객관적인지 의문을 던지는 바입니다. 우리의 교육은 …."

수정이는 교육 자체가 공정하지 않다고 주장했습니다. 수정이의 주장은 토론 주제를 벗어난 내용이었지만 창우는 한순간 멍해졌습니다. 수정이의 주장이 그럴듯하게 들렸기 때문입니다. 정신을 팔고 있다가 제대로 방어를 하지도 못했습니다. 그날 밤, 창우는 쉽게 잠들지 못했습니다. 지금껏 창우는 학교가 공정하고 객관적인 선발을 한다고 믿어왔습니다. 창우는 거실로 나가 컴퓨터를 켜고 수정이가 주장했던 내용들을 포털 사이트에 검색해봅니다.

사회(society)란 언어, 문화, 관습, 가치관, 종교 등을 공유하고 일정한 규칙하에 유지되는 인간 집단입니다. 교육은 사회 속에서 이루어지며 교육의 목표나 지향점은 사회의 영향을 받게 됩니다. 사회와 별개로 교육이 이루어질 수 없기에 우리는 사회학적 관점에서 교육을 분석할 필요가 있습니다. 사회학의 여러 이론이 교육을 어떻게 바라보고 있는지 알아보고, 여러분이 생각하는 교육과 어떤 점이 다른지 생각해 봅시다.

출세하려면 공부 - 기능론과 교육

먼저 기능론에 대해 이야기해보겠습니다. **기능론**functionalism에 의하면, 사회는 하나의 유기체와 같습니다. 심장과 간 같은 장기들이 각자의 역할을 하며 한 생명을 유지하는 것처럼, 사회의 구성원들은 각기 다른 역할을 수행하며 안정된 사회 시스템을 유지하고 있습니다. 심장이 하는 역할과 간이 하는 역할이 다르듯이 사회의 구성원들이 하는 역할은 다르고 그에 걸맞은 보수를 받습니다. 더 많은 월급을 받고 싶으면 더 노력해서 중요한 역할을 수행해야 합니다. 그래서 기능주의는 능력주의 사회를 표방합니다. 교육은 매우 중요한 역할을 담당하는데요, 사회의 유지·발전과 인력의 선발·배치입니다.

교육은 사회를 유지하고 발전시키는데 핵심적인 역할을 합니다. 학교 수업을 통해 아동들을 사회화시키고 이들에게 보편적인 지식과 규범을 전달합니다. 또한, 교육은 학생들의 각기 다른 능력에 따라 적재적소에 인력을 선발하고 배치하는 역할을 수행합니다.

학자들은 학교의 사회화가 두 가지 특징을 가진다고 말했습니다. 학교는 **보편적 사회화**general socialization를 통해 구성원들의 동질성을 확보하여 사회와 공동체를 유지하고, **특수 사회화**special socialiaztion를 통해 전문지식을 학습하여 고도로 분업화된 현대사회에서 각자의 역할을 수행할 수 있다고 말했습니다. 학교의 도덕 수업을 보편적 사회화로 볼 수 있고 회사에서 받는 업무 연수를 특수 사회화로 볼 수 있습니다.

학교에 대한 급진적인 해석 - 갈등론과 교육

마르크스라는 사람에 대해 들어보았나요? 갈등론 패러다임은 공산주의 사회학자인 마르크스로부터 태동하였다고 볼 수 있습니다. **갈등론**conflict theory은 상당히 급진적인 시각을 가지고 있는데요, 사회가 불평등하다는 전제로 교육에 접근하기 때문에 학교에 대한 부정적인 시각을 가지고 있습니다. 갈등론에 따르면, 학교는 능력에 따라 공정하게 인력을 선발하지 않습니다. 학교는 불평등한 사회구조를 그대로 유지하기 위한 허울에 불과하다고 합니다. 학교에서 교육하는 내용이 지배계층에게 유리한 내용이기 때문에, 개인의 능력과 노력보다 사회적·경제적 배경이 성적에 큰 영향을 줍니다.

학자들은 학교가 공장·기업과 그 구조가 유사하여 불평등한 사회구조를 유지하고 재생산한다고 주장합니다. 학교의 관료적 조직, 성적이 좋은 학급과 그렇지 않은 학급의 차별, 교육과정 설계 시 학생의 소외 등이 공장이나 기업의 특징을 그대로 반영하여 불평등을 재생산합니다. 지배계급의 가치관과 취향을 반영하여 교육과정이 설계되고, 이는 학생들의 의식을 지배하고 통제합니다. 학생들은 교육을 통해 자연스레 기존 질서가 정당하며, 당연히 따라야 한다고 생각하게 됩니다. 갈등론에서는 학자들에 따라 학교를 개혁하거나 심지어 폐쇄해야 한다고 말하기도 합니다. 기능론과 갈등론 교육관을 비교하면 다음과 같습니다.

	기능론	갈등론
교육의 기능	사회의 안정, 질서 유지	사회의 불평등구조 유지, 재생산
교육 내용	보편적 지식	지배계급의 이데올로기를 반영함
선발에 대한 관점	능력에 따라 선발	사회경제적 배경에 따라 선발

▲ 기능론과 갈등론의 교육관

인생을 바꾼 선생님의 말 한마디 - 상징적 상호작용

　기능론과 갈등론은 인간을 수동적인 존재로 간주합니다. 교사나 학생 몇 명이 학교 시스템이나 교육과정에 큰 영향을 끼칠 수 없다고 생각한 것이지요. 시간이 흘러 교육을 거시적(巨視的) 관점에서 보는 학자들 뿐만 아니라 교실 안에서 사람들 간의 상호작용에 관심을 가지는 학자들이 늘어납니다. **상징적 상호작용론**symbolic interation 관점에 따르면, 인간은 능동적이고 주체적인 존재입니다. 학생은 학교가 교육하는 문화를 수동적으로 받아들이지 않고, 스스로 환경과 상호작용하며 자기만의 해석을 통해 문화를 만들어갑니다. 그래서 상징적 상호작용론에서는 교육과정이나 선발 같은 큼직한 개념보다는 교실 안에서 선생님과 학생 간의 대화나 상호작용에 주목합니다.

　피그말리온 이야기를 들어보았나요? 그리스 신화에 등장하는 조각가 피그말리온은 완벽한 여인의 조각상을 만든 후, 조각상이 사람이 되길 간절히 염원했습니다. 결국, 피그말리온의 소원이 이루어져 조각상은 사람이 되고, 피그말리온은 그녀를 아내로 맞이합니다. 간절히 바라면 그것이 실제로 이루어지는 것을 **피그말리온 효과**Pygmalion effect라고 합니다. 피그말리온 효과를 교실에서 실제로 입증한 실험이 있습니다. 미국의 심리학자들은 한 학교의 선생님들에게 '심리검사 결과 학습 잠재력이 높은 학생이니 참고하시라'며 학생 명단을 건네줍니다. 학기가 끝날 무렵, 이 명단에 있던 학생들은 실제로 다른 학생들보다 크게 성적이 올랐습니다. 과연 이 학생들은 잠재력이 높았던 학생이었을까요? 이 명단의 학생들은 성적과 관련 없이 무작위로 뽑혔습니다. 선생님의 기대— '잠재력이 뛰어난 학생이니 성취가 높을 것이다'라는—가 학생들에게 강력한 영향을 끼친 것은 아닐까요? 반대로 특정 학생에 대한 부정적인 편견과 예상이 실제로 학생을 부정적으로 변화시킬 수 있는데 이를 **낙인효과**stigma effect라고 합니다.

• ◎ •

1990년대 우리나라에 유명한 탈옥수가 있었습니다. 그는 전과 9범의 중범죄자로 탈옥 후 2년 6개월간 도피하며 한국을 떠들썩하게 만들었습니다. 도피 중에 그는 다음과 같은 메모를 작성하였습니다.

"지금 나를 잡으려고 경찰에 군대까지 동원하면서 애쓰는데
나 같은 사람이 애초에 안 생기는 방법이 있다.
5학년 때, 선생님이 학비 안 가져왔다고 욕하고 소리 질렀는데
그때부터 마음속에 증오가 자랐다
그날, 선생님이
'그래도 너 착한 놈이야'하고 머리 한 번만 쓸어줬으면
나도 여기까지 오지 않았다."

이것은 범죄자의 변명에 불과할지도 모릅니다. 하지만 훗날 여러분이 교단에 섰을 때, 여러분의 말 한마디가 학생에게는 인생의 전환점이 될 수 있다는 점을 잊지 말기 바랍니다.

이런 면접 어때요?

※ 다음 제시문을 읽고 면접 문항에 답하라(예상 소요 시간 : 10분)

'개천에서 용 난다'라는 속담이 있다. 사회·경제적으로 어려운 여건을 이겨내고 자수성가하는 경우를 이르는 말이다. 하지만 최근 양극화가 심화되고 개인의 노력이나 능력보다 부모에게 물려받은 부(富)에 따라 인간의 계급이 나뉜다는 '수저계급론'이 대두되면서, 이 속담은 사전에서만 볼 수 있는 말이 되었다. 수저계급론에 따르면 '금수저'는 좋은 가정환경과 부모의 재력 등을 가지고 태어난 사람을 의미하며, '흙수저'는 부모의 경제적 지원이 없거나 제한적인 사람을 의미한다. 계층 이동이 가능하다고 생각하는 국민들도 점점 줄고 있다. 통계청의 2019년 조사에 의하면 '자식 세대에서 일생 노력을 다한다면 개인의 사회·경제적 지위가 높아질 가능성이 높다'고 생각하는 사람은 2009년 48.3%에서 2019년 28.9%로 현저히 낮아졌다. 한국개발연구원의 2019년 세대별 조사에서 '우리 사회에서 성공하는 데 중요한 요인이 무엇이냐'는 물음에 30대는 '집안 배경'(30.2%)을 1순위로 골랐다. '개인 노력에 따라서 사회·경제적 지위가 높아질 가능성'에 대해서도 30대는 부정적 인식(42.8%)이 긍정적 인식(21.4%)의 두배였다. 젊은 층에서 '금수저 흙수저'라는 말이 유행하는 것처럼 우리 사회 구조에 대한 젊은이들의 상실감과 좌절감을 느낄 수 있다.

01. '금수저 흙수저' 현상을 해결하기 위해 개별 학교와 교사가 할 수 있는 일을 제시하시오.

생각 보태기

'금수저 흙수저' 현상으로 일컬어지는 양극화 해결 방안을 교육적 차원에서 제시할 수 있습니다. '금수저 흙수저' 현상의 핵심 원인은 양극화 자체가 아니라, 개인의 능력이나 교육을 통해서 양극화가 해소되지 않는다는 점입니다. 교육을 통해 부모의 배경 없이 '개천에서 용이 날 수 있는' 방안에 대해 생각해보시기 바랍니다. 정부와 교육계에서도 이와 관련된 다양한 정책을 시행하거나 제시하고 있으며 인터넷을 통하여 쉽게 확인할 수 있습니다. 이러한 거시적인 정책들을 참고하여, 학교와 교사가 학생들에게 직접 할 수 있는 일을 고민할 수 있습니다.

답변 도우미

　코로나19로 인한 경기침체와 취업난, 주택난 등으로 여느 때보다 청년들이 고통받고 있습니다. 기성세대는 그들에게 '노력'을 강조하지만, 청년들은 개인의 노력보다 부모의 배경이 미래를 결정한다고 굳게 믿고 있습니다. 오랜 시간 계층 이동의 사다리 역할을 했었던 교육은 경제력에 따른 사교육 격차로 제 역할을 다하지 못하였습니다. 이에 정부는 다양한 정책과 개선책을 제시하고 있습니다. 정부 정책에 맞추어, 직접적으로 학생들과 접촉하는 학교와 교사도 많은 역할을 할 수 있습니다.

　첫째, 학교는 진로교사와 담임교사를 중심으로 복잡한 입시제도를 설명하고 진로·진학 정보를 제공하는 교육과정 박람회나 입시컨설팅을 실시할 수 있습니다. 우리나라의 입시제도는 상당히 복잡하며 해마다 변동사항이 있기 때문에 학생과 학부모 사이에서 정보격차가 발생하기 쉽습니다. 학교가 자체적으로 교육과정 박람회, 입시 컨설팅을 운영하여 학생과 학부모들에게 필수적인 정보를 제공할 수 있습니다.

　둘째, 수업 안팎에서 다양한 공동체 중심 활동과 인성교육을 실시하여 학생들의 공동체 의식을 키울 수 있습니다. 학생들은 성적과 입시에 대한 과도한 압박과 학교에서의 과도한 경쟁으로 협력보다는 경쟁에 익숙해져 있으며, 이타심이 결여되어 있습니다. 교사는 수업을 구성할 때 개별학습 대신 협동학습, 프로젝트 학습 등을 적용하여 학생들의 의사소통능력과 공감능력, 공동체의식을 키울 수 있습니다. 또한 계기교육을 통해 성적이나 경제적 배경에 대한 차별 없이 모두가 더불어 지낼 수 있는 사회적 분위기를 조성할 수 있습니다.

04

교육과 사회

할아버지의 인생 2막

17장
평생 학습 사회

우진이는 오랜만에 할아버지 댁에 가는 길입니다. 어릴 적엔 부모님의 맞벌이로 할아버지 댁에 살다시피 했지만, 고등학생이 된 이후로는 공부 핑계로 할아버지 댁에 한동안 가지 않았습니다. 할아버지 댁에 가까워질수록 죄송한 마음과 그리운 마음이 한데 섞인 묘한 감정에 가슴이 두근거립니다. 할아버지 댁 비밀번호는 항상 그대로입니다. 우진이는 문을 열고 들어갑니다.

"할아버지! 나 왔어요!"

현관부터 발 디딜 틈 없이 가득 쌓여 있는 전자제품과 각종 부품들. 그리운 풍경이 그대로입니다. 우진이의 할아버지는 지역에서 입소문 난 수리공이었습니다. 증조할아버지가 갑자기 돌아가신 후 학업을 포기하고 기술을 배우셨고, 5년 전까지는 전파사도 꽤 크게 운영하셨습니다.

"할아버지! 어딨어요?"
"우진이냐? 작업실로 들어오거라."

할아버지의 작업실로 들어간 우진이는 눈이 휘둥그레졌습니다. 할아버지는 기름때 묻은 작업복 대신, 물감이 잔뜩 묻은 앞치마를 입고 계셨기 때문입니다. 기계 부품으로 가득하던 작업실에는 원색의 화려한 유화 그림이 가득했습니다.

"할아버지, 이거 다 할아버지가 그린거에요? 진짜 잘 그렸다."

"좀 봐줄 만 하니? 연말에는 다른 할아버지, 할머니들이랑 전시회도 한단다."

"이게 뭐야, 왜 말 안 했어요? 언제부터 그림 그린거에요?"

"응, 집에만 있으니 심심해서 이것저것 배웠지. 요새 평생교육 프로그램이 많이 있더라고. 이것저것 자격증도 몇 개 땄단다."

"할아버지 기계만 만져서 이런 재주가 있는지 몰랐어요, 진짜 멋있다."

"100세 시대인데, 평생 배우고 즐겁게 살아야지 허허허."

"배우는게 즐거워요? 나는 대학교만 합격하면 평생 공부 안 할 것 같은데."

"대학 가려고 책 보는게 공부의 전부가 아니란다. 할아버지는 그림공부 말고도 요새 스마트뱅킹이니 비대면회의니 이것저것 배워야 하는게 많단다. 공부는 평생 하는거야."

우진이 할아버지처럼 수 많은 사람들이 새로운 인생을 위해 다시 공부하고 있습니다. 왜 사람들은 학교를 졸업한 이후에 다시 공부를 시작할까요? 17장에서는 평생교육에 대해 이야기 해 보겠습니다.

왜 평생교육일까?

평생교육Life-long education이란, 중·고등학교 같은 정규 교육과정을 제외하고 노년까지 평생에 걸쳐 이루어지는 교육을 뜻합니다. 당장 대입을 준비하는 여러분들에게 평생교육은 까마득히 먼 이야기로 들릴 수 있습니다. 하지만 평생교육의 수요가 상당하고 미래에도 수많은 관련 일자리가 생길 수 있기 때문에, 지금부터 관심을 가지고 살펴보는 것이 좋겠습니다. 사람들이 평생교육을 받는 이유를 한번 알아보겠습니다.

재취업을 위한 평생교육

우리나라 직장인들의 퇴직 시 평균 연령은 49.1세입니다. 비교적 오래 근무할 수 있는 교사의 경우에도, 정년 퇴직은 62세입니다. '100세 시대'라는 말을 자주 들어보았을 것입니다. 의학기술의 비약적인 발전으로 인간수명이 대폭 늘어났습니다. 100세까지 생존한다고 가정했을 때, 퇴직한 시기에 인생의 절반 정도가 남은 셈이지요. 남은 절반의 인생을 위해, 우리는 새로운 직업을 구해야 합니다. 새로운 직업을 구하기 위해 다양한 직업 훈련과 자격증 취득이 필요합니다. 평생교육은 사람들의 재취업과 재교육을 위한 취업훈련소 역할을 할 것입니다.

자아개발을 위한 평생교육

퇴직 후 남은 인생을 좀 더 윤택하고 의미있게 보내기 위해, 정말 좋아하는 공부를 할 수 있습니다. 1강에서 교육의 내재적 목적에 대해 이야기했는데요, 자아실현과 내적 성장을 위해 관심 분야의 공부를 할 수 있습니다. 평소 관심이 많고 좋아했지만 다양한 이유로 배울 기회나 시간이 없었던 것도 평생교육을 통해 배울 수 있습니다. 불혹의 나이에 기타 연주를 배우고 60세가 넘어 무도(武道)를 배우는 분들, 혹은 우진이 할아버지가 은퇴 이후 그림 그리기를 배우는 것처럼 말입니다. 이들은 진정한 배움의 즐거움을 느끼고 자아개발을 할 수 있으며, 궁극적으로 자아실현을 이룰 수 있습니다.

사회 적응을 위한 평생교육

50년 전 한국의 사진을 본 적이 있나요? 기술의 진보와 혁신으로 생활 양식은 나날이 빠르게 변화하고 있습니다. 우진이 할아버지가 학생이던 시절에 스마트폰은 없었습니다. 우진이 할아버지도 현대사회에 적응하기 위해 스마트폰 사용법을 공부해야만 했죠. 이것이 모두 평생교육입니다.

우리나라의 평생교육

이제 평생교육에 대한 생각이 조금 바뀌었나요? 여러분이 평생교육을 받을 의향이 없다고 하더라도, 대한민국의 급속한 노령화에 따라 평생교육의 수요는 크게 증가할 것입니다. 정부에서는 평생교육과 관련하여 평생교육법에 따라 5년마다 평생교육진흥기본계획을 수립하고 있으며, 평생교육을 적극적으로 지원해야합니다. 이에 따라, 미래에도 평생교육에 상당한 예산이 투입되고, 수많은 일자리가 만들어질 것입니다. 우리나라에서 시행하고 있는 평생교육 정책에 대해 알아보겠습니다.

평생학습도시

평생학습도시는 언제, 어디서, 누구나 원하는 학습을 즐길 수 있는 학습공동체 건설을 도모하는 총체적 도시 재구조화 운동입니다. 지역사회의 모든 교육자원을 연계시킴으로써 네트워킹 학습공동체를 형성하는 지역사회 교육운동입니다. 현재 전국 167개 시·군·구가 평생학습도시로 지정되었으며, 평생학습도시를 조성 및 운영 중입니다.

대학의 평생교육 지원

일반적으로 특성화고등학교에 진학하는 학생들은 대부분 졸업과 동시에 취업을 하고 있습니다. 그래서 특성화고등학교 학생들은 대학교육을 받을 기회가 많지 않았지요. 정부는 특성화고등학교 학생을 포함하여 고등학교 졸업과 동시에 취업하는 학생들에게 선취업 후진학을 활성화하는 정책을 수립하고 있습니다. 현재 전국의 30개 대학에서 직장 생활을 하는 성인 학습자의 수요에 맞추어 지식·이론 혹은 직무역량 현장 중심 교육과정을 개발하고 운영합니다.

평생교육사 자격제도 운영

평생교육의 수요가 증가됨에 따라, 평생교육을 기획·진행·분석·평가하거나 교수업무를 담당하는 등 평생학습 관련 업무의 전반을 담당하는 현장전문가의 수요가 증가할 것으로 예상됩니다. 평생교육사 자격을 취득하기 위해서는 대학(원), 학점은행기관, 시간제등록대학 등의 양성기관에서 운영하는 관련 과목을 이수하고 일정 학점 이상을 취득해야 합니다. 평생교육사는 미래에 수요가 폭증할 것으로 예상되는 직종이니 여러분도 관심을 가지면 좋겠습니다.

국가평생학습포털 '늘배움'

여기저기 흩어져 있는 양질의 교육 콘텐츠와 평생학습 정보를 쉽게 이용할 수 있도록 한군데에 모은 평생학습서비스입니다. 국가평생학습포털은 누구나, 언제나, 어디서나 학습자 맞춤형 서비스를 이용할 수 있는 평생학습 종합 포털입니다. 평생학습 정보의 개방·공유, 유관기관 콘텐츠 연계 등 평생학습 원스톱 서비스를 지원합니다. 또한 온라인 평생학습 활성화를 통해 지역과 소득의 격차에 따른 학습기회 불균형을 완화하고 생활 속의 행복학습을 실현할 것입니다.

평생학습계좌제

은행계좌에 돈을 보관하는 것처럼, 평생학습 수강 기록이나 자격을 국가에서 공인하고 기록하는 제도입니다. 국민의 다양한 학습경험을 온라인 학습계좌에 누적 관리하고, 이를 학력취득 혹은 자격인정과 연계하거나 고용정보로 활용함으로써, 학습이수 결과에 대한 사회적 인정 및 활용 기반을 확대하기 위한 제도입니다.

학점은행제

학점은행제는 「학점인정 등에 관한 법률」에 의거하여 학교에서 뿐만 아니라 학교 밖에서 이루어지는 다양한 형태의 학습 및 자격을 학점으로 인정받고, 학점이 누적되어 일정 기준을 충족하면 학위취득이 가능한 제도입니다. 시행 후 10년 간 63만 여명이 학위를 취득했습니다.

독학학위제

「독학에 의한 학위취득에 관한 법률」에 의거하여 국가에서 실시하는 학위취득시험에 합격한 독학자에게 학사학위를 수여함으로써 평생교육의 이념을 구현하고 개인의 자아실현과 국가사회의 발전에 이바지하는 것을 목적으로 하는 제도입니다. 현재 국어국문학 등 11개 전공의 학위를 취득할 수 있습니다.

이외에 한국형 온라인 공개강좌(K-MOOC), 성인 문해교육 지원, 학부모 자녀교육 역량 강화 등의 사업을 진행 중입니다.

04
교육과 사회

· ◎ ·

　2025년, 우리나라는 인구의 20% 이상이 고령층인 초고령사회로 진입합니다. 고령층의 비율은 점점 늘어나 2060년에는 43%까지 증가할 것으로 예상됩니다. 기대수명과 건강수명이 모두 증가하는 가운데, 평생교육에 대한 수요가 폭발적으로 증가할 것으로 예상됩니다. 미래에 대해 고민하고 있다면 평생교육과 관련된 진로도 한 번쯤 탐색해 보는 건 어떨까요?

이런 면접 어때요?

※ 다음 제시문을 읽고 면접 문항에 답하라(예상 소요 시간 : 10분)

최근 50년간 우리나라의 저출산 및 고령화 속도가 경제협력개발기구(OECD) 37개국 중 가장 빠르다는 분석이 나왔다. 전국경제인연합회 산하 한국경제연구원은 1970년~2018년 OECD 통계를 분석한 '저출산·고령화 추세 국제비교와 정책시사점' 보고서를 23일 발표했다. 한경연에 따르면 우리나라 합계출산율은 1970년 4.53명에서 2018년 0.98명으로 연평균 3.1%씩 감소했다. OECD 회원국 중 저출산 속도가 가장 빠른 것이다. 연도별 추이를 살펴보면 1984년 1.74명을 기록하며 미국(1.81명)을 밑돌기 시작했고, 1993년에는 1.65명으로 프랑스(1.66명)보다 낮아졌다. 2001년에는 1.31명을 찍으며 일본(1.33명)보다도 낮았다. 우리나라는 고령화 속도도 OECD 회원국 중 가장 빠른 것으로 나타났다. 1970년~2018년 우리나라의 고령화비율 연평균 증가율은 3.3%로 OECD에서 가장 높았다. 우리나라는 2000년 고령화사회(고령인구 비중 7% 이상)로 진입한 이후 18년만인 2018년 고령사회(고령인구 비중 14% 이상)가 됐다. 이런 추세라면 2026년에 초고령사회(고령인구 비중 20% 이상) 진입이 유력하다고 OECD는 예상했다. 또 OECD 회원국 중 고령인구 비중이 높은 일본과 이탈리아, 스페인과 비교해도 우리나라는 노령인구가 가장 빠르게 늘면서 2036년에는 OECD 고령화비율 3위인 이탈리아를 제칠 것으로 전망된다. 한경연은 저출산과 고령화에 따른 성장잠재력 잠식과 재정여력 약화에 대비한 중장기적 대책을 마련해야 한다고 조언했다.

01. 우리나라의 저출산·고령화 추세에 대응할 교육적 방안을 제시하시오.

생각 보태기

우리나라는 OECD 회원국 중 가장 빠른 저출산 속도와 고령화 속도를 보이고 있습니다. 이런 특수한 상황에 맞추어, 미래사회의 모습을 상상하고 교육이 대응할 방안에 대해 생각해 볼 수 있습니다. 저출산에 대한 대응 방안과 고령화에 대한 대응 방안을 각각 제안해보시기 바랍니다. 저출산으로 인한 교사 1인당 학생 수 감소, 학령인구 감소로 인한 폐교 증가, 학교 내 유휴공간 증가 등이 예상되는데 남는 자원을 어떻게 활용할 것인지 고민해보아야 합니다. 초고령화 사회 진입과 노인인구 증가에 따라 재취업, 정보화, 재사회화 등을 포함하는 평생교육을 제안할 수 있습니다.

답변 도우미

제시된 기사의 내용처럼 우리나라의 저출산·고령화는 OECD 회원국 중 가장 빠른 속도로 증가하고 있습니다. 교육 또한 변화의 흐름을 받아들이고 기민하게 대처해야 할 것입니다. 먼저 저출산 문제에 대한 학교의 방안입니다. 학령인구 감소는 곧 교사 1인당 학생 수 감소로 이어집니다. 학교는 학생 수 감소에 따라 개별화된 교육을 제공할 수 있고 팀티칭을 통한 융합수업도 진행할 수 있습니다. 현재 한 학급 당 학생 수가 25명 내외인데 미래에는 한 학급 당 학생 수가 더 적어지고 개별학생에게 맞춤식 진로·진학지도가 가능해 질 것입니다. 미래의 교육은 많은 표준화된 학생을 '찍어내는' 교육 보다는, 개개인의 특성을 고려한 '맞춤형' 교육이 되어야 할 것입니다.

다음은 고령화 문제에 대한 대응 방안입니다. 평균수명이 증가하며 노인 인구가 급증할 것입니다. 덩달아 연금 등으로 충분한 생활비를 받지 못해 발생하는 노인 빈곤 문제도 급증할 것으로 예상됩니다. 이 두 가지 문제를 동시에 해결하기 위해, 노인에 대한 재취업 교육이 필요합니다. 우리나라는 노인의 재취업을 위해 다양한 평생교육 기관과 제도, 온라인 플랫폼 등을 보유하거나 강화하고 있습니다. 빠르게 발전하는 기술이 사회 전반에 적용되고 있습니다. 노인들은 정보화의 사각지대에 놓인 경우가 많기 때문에, 노인들에 대한 재사회화 및 정보화 교육을 제공해야 할 것입니다. 이 또한 평생교육을 통해 지원할 수 있습니다. 평생교육의 수요가 크게 증가할 것으로 예상되는 가운데, 평생교육에 필요한 장소나 인원, 장비 등은 학생수가 감소하여 폐교하는 학교 등을 이용할 수 있을 것입니다. 학령인구가 급격히 감소하는 농촌지역 등은 반대로 노인인구가 매우 많기 때문에 폐교를 이용하는 평생교육은 매우 효율적일 것입니다.

코로나 19 이후의 학교

18장
미래교육

승준이는 요새 고전 영화에 푹 빠져있습니다. 어제는 저녁밥도 거르고 1985년에 개봉한 「백 투더퓨쳐」시리즈를 연달아 감상하였습니다. 영화는 괴짜 발명가가 타임머신을 개발하여 시간 여행을 떠나게 된다는 내용이었습니다. 승준이는 영화가 끝나고 침대에 누워서도 가슴이 두근거려 한참 동안이나 이불을 뒤척였습니다. 「백 투더퓨처 2」의 시간적 배경은 2015년이었습니다. 실제 영화가 촬영된 1980년대에 상상했던 30년 뒤의 미래는 지금의 모습과 다소 이질감이 있었습니다. 승준이는 문득 자신에게 타임머신이 있다면 언제로 시간여행을 가야 할지 상상했습니다.

"복권 당첨번호를 외우고 과거로 갈까? 아니야, 수능 답을 외운 후에 수능을 쳐서 만점을 받는 게 나을까? 생각만 해도 신나네."

승준이는 바보 같은 생각이라며 실없이 웃습니다. 내일도 학교에 가야 한다는 생각에 억지로 잠을 청하려는 순간, 승준이는 이불을 차고 벌떡 일어납니다.

"30년 뒤의 학교는 어떤 모습일까? 그땐 학교에 가지 않아도 되겠지? 코로나19 때문에 원격수업을 할 때처럼 집에서 수업을 들을 수 있겠지?"

승준이는 스마트폰으로 검색포털에 '30년 후'를 검색합니다. 미래를 예측하는 수많은 글이 있었는데, 승준이의 시선을 사로잡은 글에는 '학교가 사라진다,' '많은 직업이 사라진다'는 전망이 있었습니다.

"30년 후면 학교가 사라지고 집에서 원격으로 수업을 한다고? 편리할 것 같긴 하다. 아 참, 그러면 교사 직업이 사라지거나 줄어들 수도 있지 않을까? 나는 선생님이 되고 싶은데…."

여러분도 조금만 관심을 기울이면 미래의 교육에 대한 다양한 예측을 볼 수 있습니다. 교사가 로봇이나 AI로 대체될 수 있다는 암울한 전망이 있는가 하면, AI와 빅데이터의 활용을 통해 효율적이고 평등한 교육이 이루어질 것이라는 희소식도 있습니다. 무엇이 정답인지는 알 수 없지만, 학교도 변화의 물결을 거스를 순 없습니다. 여러분이 교단에 설 즈음에는 학교에도 많은 변화가 있을 것입니다. 이번 18장에서는 미래의 교육에 대해 이야기를 나누어 보겠습니다.

코로나 시대의 학교

코로나19 사태 이후 사회 전반에 급격한 변화가 발생했습니다. 마스크 착용은 일상이 되었고, 일 년이 넘는 사회적 거리두기와 방역에 경기는 침체되고 시민들은 지쳤습니다. 학교도 코로나19의 영향을 피할 순 없었습니다. 대면 수업이 제한됨에 따라 전국의 학교에서는 전격적으로 비대면·온라인 수업을 실시하였습니다. 학생들은 학교 대신 집에서 수업을 들어야 했으며 선생님의 돌봄이 줄어들어 학생 스스로 많은 시간을 관리해야 했습니다. 수 년의 준비 기간과 시험이 필요했던 원격수업 시스템 구축이 수 주내에 완료되었지만 많은 숙제를 남겼습니다. 온라인 학습 출결 문제나 온라인 시험에서의 부정행위, 실시간 피드백의 어려움과 안정적인 플랫폼 요구 등이 그것입니다. 학교는 코로나19로 인해 갑작스럽게 미래교육으로의 전환점에 서게 되었습니다.

미래의 교육은 어떤 모습일까요? 승준이가 인터넷에서 본 것처럼, 30년 뒤에는 학교에 갈 필요가 없을지도 모릅니다. 4차 산업혁명이 교육에 막대한 영향을 끼칠 것으로 예상됩니다. AI와 빅데이터의 발전, 로봇의 상용화, 유비쿼터스 커뮤팅과 웨어러블 인터넷의 보급 등은 교육계의 지축을 흔드는 변화의 물결을 가져올 것입니다. 4차 산업 혁명은 사회와 산업 전반의 모습 또한 바꾸어 놓을 것입니다. 새로운 일자리에 알맞은 창의력과 순발력을 갖춘 인재를 길러내기 위해 기존의 교육 시스템은 한계가 있습니다. 교육부는 코로나19 이후 미래교육 전환을 위한 정책과제를 발표하였습니다.

미래형 교육과정 개편

　교육부는 미래형 교육과정 개편을 위해 2022 개정교육과정 개편, 2025년 고교학점제 전면도입, 중등 직업교육 고도화, 교과서의 패러다임 전환, 미래형 유치원 교육과정 도입을 추진합니다. 새로운 교육과정에서는 미래교육 패러다임의 변화에 따른 교수·학습 및 평가 개선, 교육과정 분권화·자율화에 초점을 두고 원격수업 경험을 반영하는 등 미래형 교육기반을 확대할 방침입니다. 미래형 교육과정에서는 종이책 대신 디지털 콘텐츠를 활용한 온라인 교과서를 도입할 방침입니다. 온라인 교과서는 변화하는 지식을 실시간으로 반영하고 교사가 최신 콘텐츠를 활용하여 저작할 수 있습니다.

새로운 교원제도 마련

　교육과정 설계 시 학생의 선택권과 자율성이 확대되고 이에 따라 학생 맞춤형 지원이 필요하게 되었습니다. 교육부는 미래 수요에 대응하여 교원의 전문성 및 복수교과 지도 역량 강화 등을 통하여 학교 현장의 변화를 뒷받침할 수 있는 교원정책을 추진할 방침입니다.

04

교육과 사회

학생 중심 미래형 학교 조성

학생회의 법적 근거를 마련하고 학교운영위원회 참여를 보장하여 학생의 학교 의사결정 참여를 확대할 예정입니다. 학교의 자율성과 책무성을 강조하여 민주적 학교 모델을 구현할 방침입니다.

평생교육 강화

2025년에 초고령 사회로 진입할 것으로 예상되는 가운데 대학의 평생교육 기능을 강화하고 평생학습과 직업훈련 연계 및 경로 다양화 등의 다양한 정책을 제시하였습니다. 평생교육과 관련해서는 17장에서 자세히 알아 보았습니다.

디지털 전환 교육기반 마련

미래교육 전환을 위해 모든 초·중·고 교실에 무선인터넷 환경을 구축합니다. 교육부는 2021년 중순까지 전체 일반교실을 대상으로 무선망 구축을 완료할 방침입니다. 또한 다양한 콘텐츠와 학습도구를 하나로 연결하여 학교에서 사용 가능한 플랫폼을 구축할 예정입니다. 디지털 미디어 활용 역량 차이로 인한 교육격차 및 디지털 격차 예방을 위한 미디어 리터러시 교육도 강화합니다.

코로나 19 이후 미래교육 전환을 위한

10대 정책과제 (안)

유·초·중등교육

국가 책무성 및 현장 자율성 강화

1 미래형 교육과정 개편
2 새로운 교원제도 마련
3 학생 중심 미래형 학교 조성
4 성장 지원 교육 안전망 구축

고등·평생교육

공유와 협력을 통한 혁신 지원

5 협업·공유를 통한 대학·지역의 성장
6 미래사회 핵심 인재양성
7 고등 직업교육 내실화
8 전 국민, 전 생애 학습권 보장

기반구축 미래 변화에 선제적 대응

9 디지털 전환 교육 기반 마련
10 협력적 교육 거버넌스 구축

▲ 미래교육 전환을 위한 교육부 10대 정책

미국의 흑인 민권 운동가 말콤 엑스는 '교육은 미래를 위한 여권이다'라고 말했습니다. 4차 산업혁명으로 빠르게 변화하는 미래사회에 안착하기 위해서는 교육이라는 여권을 잘 준비해야 할 것입니다. 수년 뒤, 미래교육에서 맹활약 할 여러분과 동료로서 다시 만날 날을 기다리고 있겠습니다.

이런 면접 어때요?

※ 다음 제시문을 읽고 면접 문항에 답하라(예상 소요 시간 : 15분)

　올해의 초등학생 희망직업 1위에 운동선수가 뽑혔다. 손흥민과 류현진 등 해외파 운동선수들의 활약이 영향을 끼친 것으로 보인다. 교사는 수 년 만에 1위 자리를 운동선수에게 내주었다. 흥미로운 변화로는 3위에 크리에이터(유튜버)가 올라왔다는 점이다. 크리에이터는 지난해 처음 순위권에 등장하였으며, 올해는 더 높은 순위를 기록했다. 초등학생 희망직업 순위는 시대를 반영한다. 크리에이터 뿐만 아니라 수 년 전까지는 존재하지도 않았던 직업인 뷰티 디자이너(10위), 웹툰 작가(11위), 소프트웨어 개발자(14위) 등의 직업을 볼 수 있다. 4차 산업혁명과 기술의 혁신으로 인해 해마다 새로운 직업이 생겨나고 기존의 직업들은 사라지고 있다. 올해 초 열린 세계경제포럼(World Economic Forum)에서는 4차 산업혁명으로 인해 "올해 초등학교에서 입학하는 어린이들의 약 65%는 지금의 세계에는 존재하지 않는 직업을 갖게 될 것이다"라고 전망하였다.

01. 4차 산업혁명의 도래로 인해 현재 직업 중 사라지거나 축소될 가능성이 큰 직업과 새롭게 만들어지거나 확대될 가능성이 큰 직업을 세 가지씩 들고 각각 그 이유를 제시하시오.

02. 4차 산업혁명 시대에 적합한 인재를 양성하기 위해 학교 교육이 어떻게 변화해야 하는지 설명하시오.

생각 보태기

　4차 산업혁명과 과학 기술의 급속한 발전상을 이해하고, 이러한 기술 발전이 미래사회에 끼칠 영향을 예측할 수 있는지 확인하기 위한 문항입니다. 특히, 4차 산업혁명 시대에 요구되는 인재를 양성하기 위해 교육이 어떤 방향으로 나아가야 하는지 제시할 수 있어야 합니다. 현재 교육부에서 시행하고 있는 2015 개정교육과정이나 미래교육 정책과제 등을 잘 확인해둔다면 쉽게 답변할 수 있을 것입니다. 답변할 때 제시문의 의도 및 정보를 정확하게 파악하였는지, 4차 산업혁명이 가져올 사회 구조적 변화와 이에 따른 직업의 변화를 분명하게 인지하고 있는지, 또 학교 교육 변화의 모습이 구체적이고 그 방향이 타당한지를 평가합니다.

답변 도우미

01. 4차 산업혁명의 도래로 멀지 않은 미래에 사라지거나 축소될 가능성이 큰 직업은 제조 근로자, 식당이나 가게의 직원(혹은 계산원), 운송 관련 직종입니다. 자본주의 경제체제에서는 효율성이 가장 중요시 되는데 사용자 측면에서는 점점 증가하는 인건비 보다 첨단 기술을 이용한 자동화 시스템이 훨씬 더 경제적이기 때문입니다. 먼저 제조근로자입니다. 이미 제 조업에서는 다양한 종류의 로봇들이 인간의 업무를 대체하고 있습니다. 로봇의 기능은 점 점 더 다양해지고 오랜 경력을 지닌 사람의 손 만큼이나 정밀해지고 정교해졌습니다. 3D프 린터 기술도 혁신적으로 발달하고 있기 때문에 제조근로자의 입지는 점점 더 줄어들 것입 니다. 다음은 식당이나 가게의 직원(혹은 계산원)입니다. 이미 많은 식당과 가게에서 사람 사 람 대신 키오스크가 주문을 받고 있습니다. 단순한 손님 접대와 주문 접수 및 계산은 사람 대신 키오스크나 로봇이 담당하게 될 것입니다. 대형마트에서 계산도 마찬가지입니다. 무 인 계산대가 점점 증가함에 따라 계산원 역시 입지가 줄어들 것으로 예상됩니다. 마지막으 로 각종 운송업 직종이 타격을 받을 것입니다. 우리나라는 전 세계적으로 택배와 음식 등의 배달과 물류 시스템이 가장 잘 갖추어져 있습니다. 집에서 클릭 몇 번으로 원하는 물건을 구매할 수 있습니다. 택시나 버스 등의 대중교통 등 여객운송업도 잘 갖추어져 있습니다. 하지만 인공지능과 자율주행 기술의 발달로 가까운 미래에는 사람 대신 기계가 각종 운송 업을 책임질 것으로 예상됩니다. 미래에 새롭게 만들어지거나 강화될 직업으로는 평생교 육 지도사, 각종 컴퓨터 관련 전문가, 로봇 윤리학자가 있습니다. 먼저 평생교육 지도사입 니다. 우리나라가 초고령화 사회로 진입함에 따라 노인 인구가 급증하고 기대수명이 증가 할 것입니다. 노인들에 대한 재사회화와 재취업을 위한 직업교육, 여가생활을 위한 교육의 수요가 폭발적으로 증가할 것이고 평생교육 지도사에 대한 수요가 이를 뒤따를 것입니다. 다음으로 컴퓨터 관련 전문가의 수요가 늘어날 것입니다. 기술의 혁신적인 발달로 모든 분 야에서 자동화와 기계화가 일어날 것이며 이 모든 기계장치와 정보를 저장하고 관리하기 위해 다양한 소프트웨어가 사용될 것입니다. 이에 따라 IT보안, 가상현실, 사물인터넷 등의 수요가 폭발적으로 증가할 것이며 관련 지식을 갖춘 전문가들이 양성될 것입니다. 마지막 으로 로봇 윤리학자라는 직업이 새로이 만들어 질 것입니다. '아이 로봇' 등 여러 영화에서 묘사된 것처럼 인공지능의 발달은 로봇 산업의 비약적인 발전을 불러올 것입니다. 로봇이 일정 부분 스스로 생각하고 판단하게 될 수도 있습니다. 로봇으로 인해 발생한 다양한 문제 들을 인간의 그것과 비교하여 도덕적인 기준과 잣대를 만들고 법과 제도를 정비해야 하기 때문에 로봇 윤리학자라는 직업이 필요합니다.

02. 2021학년도 대입에서 2만 6천여명 미달로 정원을 못 채운 대학이 속출하였습니다. 출산율 감소로 인한 학령인구의 감소가 그 원인으로 지목되지만, 자의로 대학교에 진학하지 않는 학생들도 상당히 많습니다. 최근 고소득 인기직업으로 각광받는 크리에이터나 웹툰 작가의 경우, 공인된 자격을 요구하지 않습니다. 학력보다는 역량이 중요시 되는 것입니다. 4차 산업혁명 시대에 적합한 교육은 역량중심 교육입니다. 2015 개정 교육과정에서 교육부는 6가지 핵심 역량을 제시하였습니다. 이는 자기관리 역량, 지식정보처리 역량, 창의적 사고 역량, 심미적 감성 역량, 의사소통 역량, 공동체 역량입니다. 전통적인 교육은 지식정보처리 역량에 치우친 인재를 양성하는데 그쳤으나 2015 개정 교육과정은 6가지 역량이 골고루 발달된 시민을 양성하는 것이 그 목표입니다. 학생들이 역량을 기를 수 있도록 학교는 다양한 비교과 경험을 제공하고 강의식 수업 뿐만 아니라 협동학습이나 프로젝트 학습 등 다양한 학습 모형을 사용 해야 합니다. 교육과정과 수업, 평가와 생기부 기록을 일체화하고 교육목표를 달성하기 위해 교과별로 성취기준 중심의 교육과정 재구성이 필요합니다. 또한 학생 참여중심 수업, 배움중심 수업을 실천하고 그 과정에서 이루어지는 평가를 바탕으로 학생의 성장 이력을 기록해야 할 것입니다.

참고자료

교육부 거꾸로 교실 정책 자료집
교육부 미래교육 전환을 위한 교육부 10대 정책
교육부 고교 서열화 해소 방안

초 판 1쇄 발행 2021년 8월 1일
초 판 2쇄 발행 2022년 9월 7일

기   획   정동완
지 은 이   조우태 안수혜 황성규
펴 낸 이   꿈구두
펴 낸 곳   꿈구두
디 자 인   조현지

블 로 그   https://blog.naver.com/edu-atoz
이 메 일   edu-atoz@naver.com
I S B N   979-11-91607-04-8